本书受国家社会科学基金教育学青年课题"流动人口随迁子女教育政策评估及对策研究"（课题批准号：CGA150154）资助

养老保险城乡统筹模式与路径研究

罗娟　汪泓　著

管理
MANAGEMENT

Study on the Mode and Path of Urban and Rural Overall Planning in Old Age Insurance

上海交通大学出版社
SHANGHAI JIAO TONG UNIVERSITY PRESS

内容提要

　　本书立足实务,聚焦前沿问题,结合具体实践,基于城乡统筹理论的养老保险理念,系统分析了我国养老保险城乡统筹实施现状,以及存在的问题,介绍并总结了上海、北京、苏州、成都、浙江等地养老保险发展的具体实践。在全球老龄化背景下,提出基于城乡统筹理论的养老保险"新五支柱"模式,利用系统动力学、精算模型、计量经济学模型等方法研究城乡统筹可能性,全面分析城乡统筹的实现路径,并深入研究城乡统筹养老保险制度的实现格局,也为未来我国养老保险城乡统筹政策的制定提供了决策参考。

图书在版编目(C I P)数据

　　养老保险城乡统筹模式与路径研究 / 罗娟,汪泓著.
—上海:上海交通大学出版社,2019
　　ISBN 978 - 7 - 313 - 21956 - 5

　　Ⅰ.①养… Ⅱ.①罗… ②汪… Ⅲ.①养老保险制度-研究-中国 Ⅳ.①F842.612

　　中国版本图书馆 CIP 数据核字(2019)第 205754 号

养老保险城乡统筹模式与路径研究
YANGLAO BAOXIAN CHENGXIANG TONGCHOU YU LUJING YANJIU

著　者:罗　娟　汪　泓			
出版发行:上海交通大学出版社	地　址:上海市番禺路 951 号		
邮政编码:200030	电　话:021 - 64071208		
印　刷:上海天地海设计印刷有限公司	经　销:全国新华书店		
开　本:710mm×1000mm　1/16	印　张:13.75		
字　数:202 千字			
版　次:2019 年 12 月第 1 版	印　次:2019 年 12 月第 1 次印刷		
书　号:ISBN 978 - 7 - 313 - 21956 - 5			
定　价:69.00 元			

前　言

随着全球老龄化的加速到来,养老已成为各国政府亟须解决的难题,而养老保险制度的完善,更是解决养老问题的核心所在。我国政府长期致力于城乡养老保险制度的构建和逐步改善,城乡养老保险水平得到不断提高。但目前我国养老保险制度中城乡二元结构、制度碎片化、可持续性有限、保障力度不够等问题依然凸显,因此,养老保险制度的城乡统筹迫在眉睫。

党的十八届五中全会已明确提出要加快养老保险制度的城乡统筹发展,然而,养老保险制度的城乡统筹涉及面广、影响较大,如何清晰界定政府、企业、个人的责任? 如何选择城乡统筹的最优模式、最佳时机? 又如何设计现有模式与最优模式的平稳过渡路径? 这些问题的研究与解决,对于养老保险制度的城乡统筹具有重大的理论意义和实践价值。

本书以马克思主义城乡关系理论、"刘易斯—拉尼斯—费景汉"城乡二元等理论为基础,分析养老保险城乡统筹的理论依据和必要性。同时,结合上海、北京等典型省市养老保障的城乡统筹实践,归纳国内外推进养老保险城乡统筹的普遍规律、时机与实施路径。其次,对我国养老保险城乡统筹现状和问题进行分析,并界定养老保险城乡统筹的内涵,探究养老保险城乡统筹的责任分担机制。在此基础上,运用替代—收入效应模型分析多支柱养老保障统筹模式的机理,提出以全体国民为参与主体的"新五支柱"养老保险城乡统筹模式,在界定政府、企业、个人的三方责任的基础上,对各支柱定位、对象、缴费主体、责任主体、缴费率、替代率等进行了论证。

在对各支柱的缴费主体、缴费率以及替代率测算的基础上,形成"新五支柱"养老保险城乡统筹具体框架,其中个人缴费率为 6.88%～7.65%,企业缴费率为 20%,国家财政缴费率为 8.4%,总体替代率为 66.39%～67.84%。当企业和个人自愿参加企业年金时,总替代率为 66.39%～89.48%。在"新五支柱"城乡养老保险统筹模式中,政府共承担了 8.4% 的缴费责任,个人与企业总体缴费都略低于目前缴费水平,制度具有良好的可持续性。

最后,提出了养老保险城乡统筹"新五支柱"模式的实现路径和具体举措。第一步,逐步提高待遇水平,尤其是要提高城乡居民的养老保险待遇;第二步,通过"城乡居保"与"职保"、"职保"与机关事业单位保险的并轨,实现制度归并;第三步,采取化解转轨成本,做实个人账户、加大政府财政投入、适当降低养老保险费率、对企业年金实行税收优惠政策以及加强运营管理等措施,建立起阶梯式、多层次、一体化的基于城乡统筹理论的养老保险"新五支柱"模式。

本书系统分析了养老保险制度城乡统筹模式、责任分担、路径和措施,主要创新之处体现在:

(1)理论上,基于马克思主义城乡关系理论、"刘易斯—拉尼斯—费景汉"城乡二元等理论探究了养老保险城乡统筹的理论根源和必要性及其责任分担机制,并运用多支柱理论构建了基于城乡统筹理论的养老保险的"新五支柱"理论模式,拓展和深化了基于城乡统筹理论的养老保险的研究内容和研究范畴。

(2)应用上,以现行的养老保险制度为基础,对平稳过渡到"新五支柱"模式的时间点、步骤等具体路径进行设计,提出"城乡居保"和"职保"、机关事业单位养老保险制度和"职保"并轨的具体举措,论述增加财政投入,降低企业缴费,完善企业年金制度等具体保障措施,为未来我国养老保险城乡统筹的政策制定提供决策参考。

目　　录

第1章 绪 论

1.1 研究背景、目的与意义

随着全球老龄化的加速到来,养老问题成为各国政府亟须解决的问题,而养老保险是养老问题的核心所在。在全球养老保障制度发展的历史中,可以看出,不管是发达国家,还是发展中国家,养老保险制度的建立都是从部分人群逐步覆盖到所有公民,这与一个国家的经济社会发展息息相关。对于我国来说,养老保险制度是否到了城乡统筹的最佳时机? 如果进行城乡统筹,那么我国未来的养老保险制度的理想模式或者目标模式是什么? 要达到理想模式或者目标模式,目前应该做哪些准备? 或者,该如何实现? 这些问题的研究,对于养老保险制度的城乡统筹发展,具有重大的理论与实践意义。

在我国,养老保险制度从建国初期的企业职工养老保险,再到机关事业单位养老保险,覆盖范围又逐步扩大到城镇居民养老保险,再到 2011 年建立的新型农村居民的养老保险。从发展历程可以看出,我国的养老保险制度首先是扩大覆盖面,其次再考虑缩小差距。目前来说,养老保险制度上达到了全覆盖,下一阶段的任务应该是缩短城乡养老保险制度的差距。十八届三中全会之后,国家人力资源和社会保障部开启了养老保险的城乡统筹工作,明确了城镇职工养老保险、城乡居民养老保险以及机关事业单位养老保险并轨的发展趋势。2014 年 2 月,国务院下发了《关于建立统一的城乡居民基本养老保险制度的意见》,提出城乡居民社会养老保险制度的合并实施,2015 年 10 月,十八届五中全会也明确指出实现职工基础养老金全国统筹。由此可见,我国的养老保险制度的城乡统筹正在不断推进。

1.2 国内外研究进展及评述

1.2.1 养老保险学术脉络梳理

1）西方养老保险制度的发展

现代意义上的养老保险制度起源于西欧发达资本主义国家。由于各个国家经济发展程度、政治思想以及历史文化的不同,也相应形成了不同的养老保险制度,如果论及养老保险制度,首先应该提到的就是英国的《济贫法》,即 1601 年由英国伊丽莎白女王下令将以往各项救助法令经编纂而成的英国济贫法案。但是,旧的济贫制度颇带强制性、惩戒性,这并不能有效解决社会的动乱,反而进一步引发了社会的不满。1832 年,英国维多利亚女王下令进一步修改已有的济贫法案,由此而产生了 1834 年的《济贫法修正案》,即《新济贫法》。这时的济贫政策明确提出了对老年贫民实施救济,但是具有一定的条件,即要等到因年老、疾病等原因失去工作能力的老年人不得不进入济贫院时方可得到救济。尽管如此,对于济贫法曾经的历史地位以及积极作用仍然要给予肯定,毕竟它为未来养老保险制度提供了理论和实践准备,为未来的济贫制度和各国福利的实现奠定了基础。1890 年,英国政府正式宣布对真正需要救助的院外贫困老人实施救助的措施,并且在欧洲其他国家,诸如瑞典、丹麦、挪威、芬兰等国分别于 1763、1803、1845、1852 年颁布了本国的《济贫法》,并且提出了对老无所依的老年贫困人口施以救济[①]。

养老保险制度的建立是现代社会保障制度出现的重要标志。首先,德国于 1889 年颁布了养老保险法,由此德国成为世界上第一个制定对老年人和丧失劳动能力的人提供养老金的国家。1889 年的《疾病和养老保险法》对其他国家后来养老保险制度的发展具有重要的推动作用。英国也于 1908 年建立

---

① 王晓东.国外养老保险城乡一体化发展的经验及启示[J].西北人口,2014(1):92-96.

了公共养老金制度,规定定期对符合领取标准的老年人口发放一定的养老金。但是这时的英国建立的公共养老金是属于非缴费性质,其中明确规定任何 70 岁以上的老人只要符合该法所规定的条件都可以领取养老金。这时支付养老金所需的一切费用均来自议会批准的拨款。直到 1925 年英国的缴费型养老金制度才得以正式建立。这也正是真正现代意义上的养老保险制度。

美国养老保险制度的初步建立是从个别州开始然后逐步展开的。1915 年养老保险制度在阿拉斯加州首先建立,随后在蒙大拿州和内华达州也相继建立养老保险制度。1935 年,罗斯福在《美国人民未来的更大经济保障——关于社会保险致国会咨文》中指出,对于美国国内的无法纳入保险的老年人由政府出资支付老年养老金,但是仍然鼓励具有条件的老年人缴纳非强制性的养老金①。该通知最终以社会保障法案的形式于 1935 年 1 月通过。美国 1935 年的《社会保障法》标志着美国养老保险制度的最终确立。该法规定,政府对年满 65 岁的老年人口支付一定的养老金,并且养老金水平必须要与个人工资收入相对应,对收入不超过 3 000 美元的老年人给付工资收入的 1/2,收入超过 3 000 美元的老年人的养老金待遇由三部分组成,包括 3 000 美元的 1/2,3 000 美元以上至 45 000 美元以下部分的 1/12,45 000 美元以上部分的 1/24,每月养老金待遇不低于 85 美元。若给付对象在 65 岁之前死亡,可以获得在 1936 年 12 月 31 日以后就业收入的 3.5% 的死亡待遇②。美国养老保险制度的确立为后来各国的养老保险法案的修正提供了经验借鉴,并且成为现代养老保险制度的开端。

2) 我国养老保险制度的演变

我国社会养老保险制度如果按照人口类型分类,可分为城镇企业职工养老保险、机关事业单位养老保险和农村养老保险。我国的养老保险制度最初为城镇养老保险制度。国家机关事业单位人员的养老保险制度是在政治、经济、社会等需要并且在特殊的时期从城镇职工养老保险制度中分离出来的一

---

① 杨斌,丁建定.美国养老保险制度的嬗变、特点及启示[J].中州学刊,2015(5):81-85.
② 杨斌,丁建定.美国养老保险制度的嬗变、特点及启示[J].中州学刊,2015(5):81-85.

种养老保险制度。而在 2014 年 12 月 23 日,第十二届全国人大常委会第十二次会议上审议了关于统筹推进城乡社会保障体系建设工作情况的报告,报告明确指出加快推进我国社会养老事业的改革,并且不断调整机关事业单位养老保险制度,并且将其与城镇职工养老保险制度相统一,建立与城镇职工统一的养老保险制度。我国最终在制度和机制上废止了长期以来的"双轨制"的养老金制度[①]。

3) 城镇企业职工

城镇企业职工养老保险制度先后经历初步建立(1950—1966)、"文革"中的破坏以及"文革"后的恢复(1966—1986)、改革与完善(1986 年至今)三个阶段。1995 年,个人缴费和缴费确定型制度首次在城镇企业职工养老保险制度中得以运用并且逐渐扩展实施,打破了传统的现收现付制的养老金模式,一改以往的主要由企业承担养老金的窘境,逐步强调个人在养老保险中的责任和义务,提高了我国养老保险制度的完善程度。

4) 机关事业单位

我国城镇职工养老保险和国家事业单位人员的养老保险制度在社会保险制度的变革中经过了分离之后,最终走向了并轨之路。1955 年 12 月国务院颁发的《国家机关工作人员退休处理暂行办法》和《国家机关工作人员退职处理暂行办法》将国家机关事业单位人员的养老保险从职工养老保险制度中分离出来;1958 年 3 月,国务院将国家机关事业单位和企业职工养老保险待遇合并;1978 年 6 月,国务院发布文件分别规定了干部和工人的离、退休制度,从而将自 1958 年起干部和工人实行的统一退休退职办法重新分成两个不同的制度;1980 年 10 月国务院颁布的《关于老干部离职休养的暂行规定》和 1982 年 4 月颁布的《关于老干部离职休养的几项规定》共同构建了老干部离休制度;1993 年 8 月,国务院颁布的《国家公务员暂行条例》对国家机关事业单位人员的退休养老制度做了较大修改和调整,公务员不需要为养老缴纳任

---

① 马凯.国务院关于统筹推进城乡社会保障体系建设工作情况的报告[EB/OL].www.npc.gow.cn,2012 - 12 - 24.

何费用[①]。

5）城乡居民

农村养老保险制度先后经历了初步探索与试点推广（1982—1994）、逐步发展（1994—1997）、衰退停滞（1998—2008）以及崭新发展（2008 年至今）四个阶段[②]。自新中国成立至改革开放前，我国真正意义上的农村养老保险制度并没有建立起来。直到 1982 年，我国才开始在全国 11 个省、市共 3 547 个生产队实行养老金制度，而这一时期的养老金由大队或者生产队根据自身的经济发展状况按比例分担，从队办企业利润和公益金中支付；1987 年 3 月，民政部下发《关于探索建立农村基层社会保障制度的报告》；1991 年，国务院授权民政部在有条件的地区，开展建立农村社会养老保险制度的试点工作。

1994—1997 年，劳动和社会保障部针对我国当时的社会保障发展的弊端提出一系列的整顿措施，首先是继续在经济发展水平相对较高的地区继续探索农村社会养老保险制度，并且在此基础上，针对农转非人员以及农民工进行社会保障类型之间的转换做出了进一步规定，保证了我国各地之间劳动力的合理流动。2008 年 10 月，党的十七届三中全会正式指出要在全国范围内逐步建立新型农村社会养老保险制度；2009 年 9 月国务院发布《关于开展新型农村社会养老保险试点的指导意见》，提出要在 2020 年基本建成覆盖城乡居民的社会养老保险制度。在筹资模式上，采用统账结合的制度模式；在基金管理上，新农保基金要纳入社会保障基金财政专户，实行收支两条线管理，单独记账、核算[③]。

2011 年，国务院开始启动城镇居民社会养老保险试点的工作。2012 年 7 月 1 日，城镇居民社会养老保险的工作在全国市县全部展开，城镇居民养老保险的实施基本实现了养老保险制度全覆盖，比原计划提前了 8 年的时间。

① 乌日图.养老保险制度在中国的模式　第一篇：社会养老保险制度模式的演变和发展[J].中国人大,2010(12):24-27.
② 戴卫东.中国农村社会养老保险制度研究评述[J].中国农村观察,2007(1):71-79.
③ 国务院.国务院关于开展新型农村社会养老保险试点的指导意见[EB/OL].www.gov.cn,2009-09-11.

截至 2012 年 8 月底,全国城乡居民参保人数达到 4.32 亿人,加上职工养老保险,总计覆盖超过 7 亿人,其中领取基本养老金的超过 1.8 亿人(城乡居民 1.18 亿人,离退休人员 0.7 亿人)[①]。我国也最终建立了以全民为基础的社会养老保险制度,并且成为世界上养老保险覆盖人口最多的国家,中华民族几千年来的老有所养的目标也终于初步实现。

我国养老保险制度的孕育、产生和发展与国家长期以来的政治、经济、文化建设是息息相关的,我国养老保险制度的建立是保证经济发展,实现国家安定、社会和谐、提高人民福祉的重要举措,它是社会化大生产的产物,同时也对我国真正实现民主具有重要的作用。目前,世界上实行养老保险制度的国家可分为三种类型,即投保资助型(也叫传统型)养老保险、强制储蓄型养老保险(也称公积金模式)和国家统筹型养老保险[②]。另外,根据我国的具体国情,富有创造性地实施了"社会统筹与个人账户相结合"的基本养老保险制度的模式,经过 5 年的探索与完善,已逐步走向成熟。随着未来我国经济社会的不断发展,这种社会统筹与个人账户相结合的养老保险模式必将成为具有中国特色的、世界上独树一帜的基本养老保险模式并颇具影响力。

1.2.2　养老保险理论研究综述

国外的社会保障制度建立相对较早,并且养老保险制度也相对成熟,到目前为止,大部分西方发达国家,尤其是实行福利型社会保障制度的国家,已经实现了一体化的养老保险制度。各国关于养老保险制度的研究大都聚焦于社会养老保险与该国社会福利的关系问题之上。

1) 社会福利理论

国外并未出现像我国的城乡之间养老保险的矛盾问题,大多是关于本国养老金的调整和本国社会福利关系的问题。纵观国外对养老保险的研究,虽没有直接涉及关于养老保险的城乡统筹问题的研究,但是养老保险与社会福

---

①　汤兆云.论我国社会养老保险制度的整合[J].社会保障研究,2014(3):23－27.

②　黄瑞.从西方养老保障方式演进看中国养老保险制度建设[J].湖北经济学院学报(人文社会科学版),2008(2):83－84.

利的关系的研究,对于我国的城乡养老保险统筹具有重要的理论支撑和经验借鉴。例如,庇古的福利经济学中提到,国民收入的再分配直接影响到社会福利,而国民收入再分配的最直接、有效的手段之一就是社会保险,即通过社会保险来对国民收入进行二次分配[①]。许多国外学者(Asimakopulo,1968;Barr,N. P. Diamond,2010)提出,政府进行社会养老保险制度的改革不仅有利于国民收入的再次分配,而且对于本国居民的消费具有重要的促进作用,其最终会促进一国经济的发展。还有,Mulligan 和 Sala-i-Martin(1999)提出,养老保险可促进代际收入再分配的功能的实现,即年轻人在很大程度上承担了当代老年人的养老保险的支出,从而实现国民收入从青年人向老年人收入的再分配。也有学者(Bhattacharya,2003;Allen,S.,1988)提出养老保险与劳动力供给之间的关系,最终会对本国劳动力的合理流动、劳动力大的发展平衡以及国民收入的二次分配具有重要的作用。部分学者(Gottardi,2006;Turner,J.A.,1963)阐明了社会养老保险在分担社会风险中的意义和作用,特别是其在一定程度上削弱了社会不稳定因素的存在。Choudhury(2002)和 Andrietti. V.(2004)通过进一步分析不同的社会群体、教育背景、收入、职业等因素,提出了养老保险制度对社会福利增进的影响。Soo,Park Sang(2015)认为随着农村高龄老人的不断增多,农村人口老龄化正在不断加剧,同时农村的养老问题也越来越突出,因此建立一个完善、合理的农村养老保障体系对于赢得农村居民的支持和信任具有重要的现实意义。此外,由于人口老龄化正在成为社会关注的一个焦点,所以,农村养老问题必须早日提上议程。

2)多支柱养老保险体系

(1)国外关于多支柱养老保险体系的研究。

随着西方国家多支柱养老保险体系改革的深入,这方面的理论研究也相当丰富。主要集中在以下四个方面:一是综合性的基础理论研究,包括基金管理、运行机制研究与宏观经济环境的影响等;二是对改革措施效果的评价

---

① 庇古.福利经济学[M].北京:华夏出版社,2007:227-228.

以及相关对策的研究;三是关于适应性问题的研究;四是对各支柱的协调发展研究。

①关于多支柱养老保险的综合性基础理论研究。

多支柱养老保险的综合性的研究已经经历了一段时间的研究,这方面的研究为西方国家多支柱养老保险体系的改革提供了科学的理论基础。研究发现,通过建立多支柱养老保险模式,对于实现风险在国家、企业和个人之间的分散,强化企业和个人的责任具有重要的作用。各支柱在整个养老保障体系中的功能互补,有效地避免了由国家建立的单一的基本养老保险模式使国家承担过多风险的弊端,从而有效地减轻了国家的财政负担,有助于社会经济的稳定发展。同时,有力地保证了改革的顺利实施与持续发展。

在这方面比较典型的有 Vittas、Wagener 和 David 等人的研究与成果。Vittas(1993)以瑞士和荷兰的多支柱模式为例进行对比分析,降低养老保险的风险相对于降低其成本具有更大的优势,因为低成本的养老保险模式不利于社会养老保险的长期发展。而多支柱模式有助于将风险在不同的主体之间进行分散和转移。Vittas 对于养老保险模式的影响因素进行了进一步分析,主要有资本市场的成熟、人口结构、监管的高效以及政策性干预、养老保险体系的合理性设计等(Vittasetal,1993)。Wagener(2001)研究发现多支柱养老保险体系不但具有共享发展利益以及共同承担社会风险的特征,同时对于社会经济的发展具有重要的作用。David(2003)通过研究遗产税在多支柱养老保险体系中的作用,进而指出:多支柱中的 DC 计划会把风险从政府向计划成员转移,因为 DC 计划可在代际财富转移中通过某种税收来实现高的收益;建立一个多支柱养老金计划提供的养老金水平不会下降,而且通过遗产税达到代际转移,比强迫工人购买年金效果更好。

②关于多支柱养老保险体系实施效果评价与相关对策的研究。

多支柱养老保险模式的改革在世界多国的成功运行对上述各学者提出的多支柱养老保险理论不失为一种有效的验证,说明多支柱养老保险模式具有其应有的合理性以及科学性。经过长期的发展,多制度养老保险模式已经显示了其巨大的优势,并且基本上达到了改革的预期目标,在整个养老保险体系中具有可持续发展的能力,有利于弥补传统的养老保险制度的缺陷,有利于养老保险制度的长期发展。但是,在 2000 年世界银行研究发展报告中,对于瑞士多支柱养老保险制度的优势和不足进行了详细的分析。报告指出:降低第一支柱的普惠式非基金公共养老金的替代率,政府补贴减少;扩大第二支柱并实施强制性的基金制,积累了大量的财政资源,这是一个稳定和节省财政支出的养老保险体系(The World Bank,2000)。Olivera(2009)通过对秘鲁工人的有关数据加以分析,分别从养老金债务、养老金的公平性以及社会福利等三个方面对多支柱养老保险模式的效果进行了论证和评价。最终的研究结论表明:由于多支柱养老保险制度的有效实施,大大减少了有关养老保险的不公平性以及养老金债务,同时也不会出现任何的福利损失。

即使如此,多支柱养老保险模式同样有其相应的弱点:第一支柱的公共养老金对于人口年龄结构以及费率的高低具有重要的依赖作用;第二支柱缺乏互助性,投资收益也不稳定。其中有客观的宏观经济环境的制约,也有体系的设计缺乏合理性,或者实施过程中的失误。

Kritzer(2009)通过对阿根廷的多支柱养老保险模式的实施效果进行了科学的分析,研究表明:由于政府向多支柱养老金计划转制的费用支出而导致了阿根廷国内的债务激增,并且通过成本方式建立的多支柱养老保险模式对于减轻对国民经济的影响具有重要的作用。阿根廷的经验表明:在养老金制度面临危机之前修正养老金计划的平衡更容易些。Kritzer 的研究给人们一个启示:养老金制度的设计是一项系统工程,需要具有战略的眼光,并且及时地发现制度运行的过程中出现的各种问题并且加以解决。任何改革都要遵循循序渐进的规律,如果在养老保险的改革中缺乏战略性眼光,最终只能是养老保险的碎片式发展,进而缺乏现实意义。

在多支柱体系的改革中,基金积累制的缴费制度使得养老保险基金的规模日益庞大,面临很大的保值增值压力,这就要求有一个良好的投资环境。

Palacios 等(2001)指出,鉴于强制性的缴费确定性定制计划普遍引入第二支柱之中,并且这一计划在世界各国普遍展开,随着这些计划的成熟,它们长期可持续发展将取决于金融市场的有效监管以及稳定,同时对于未来政治的稳定性以及社会经济的协调发展也是一种考验。作者以阿根廷、秘鲁、哥伦比亚和智利四国为例,指出四国的年金市场尚处于一种不稳定状态,由于缺乏严格的市场透明性以及严格的基金监督,这对本国的整个养老保险体系的协调发展也构成了一定的威胁。随着养老金改革的深化,未来几十年的年金市场将会得到较快发展,当这些计划具有一定的覆盖面的时候,有效的资金监管、市场的稳定性必须得到政府的进一步重视,以利于多支柱养老保险制度的可持续发展。

霍尔·茨曼(Holzmann)等(2000)通过运用阿根廷和智利两国的调查数据,运用计量经济学的工具,对多支柱养老保险模式进行实证研究,证明了文盲、贫困者与自我雇佣者对养老保险金的持续扩大造成了严重的阻碍。由于多支柱体系的基本缺陷,需要形成一个正式的退休保障可携带性、有弹性和可支付的体系。作者同时提出了以下建议:第二支柱的养老保险结构调整存在一个很大的调试空间,应为未被纳入养老保险的劳动者提供重要的社会地位和经济利益的保障,保证老年人的晚年生活得到有效的提高。这些研究表明,多支柱养老保险体系更多地强调了企业和个人的社会责任,以利于减轻国家的财政负担。这种养老保险模式同样忽视了弱势群体的利益。当他们无力提供自我保障或者没有企业分担交费压力或分散风险时,就需要政府提供最基本的收入保障,以体现社会公平,维护社会与政治的稳定。上述对多支柱养老保险体系的实施效果进行了客观地评估以及对其原因也进行了深入的分析,这对其他国家在今后的养老保险的改革也是有效的经验借鉴,同时有利于其他研究的持续深入。

(2)我国关于多支柱(或多层次)养老保险体系的研究。

早在1994年世界银行提倡各国政府建立多支柱养老保险体系之前,我国于1991年进入了多支柱养老保险制度改革的尝试阶段,这一举措引起了理论界的深入探讨。但是由于经济发展水平的因素,我国的相关研究无论从深度上还是从广度上与其他国家的研究都具有一定的差距。我国对多支柱养老保险(也有人称多层次养老保险体系)的研究主要集中在基本理论研究、各支柱的协调发展研究、侧重某一支柱的研究或者对某一特殊群体的研究。

①关于多支柱养老保险的基本理论的研究。

这方面的研究最多,具体内容包括基本的内涵与功能分析、可行性与必要性分析、基本的框架设计等。霍尔·茨曼等在《21世纪可持续发展的养老金制度》一文中,提出突破传统的三层次,建立五层次的模式,并对各层次的功能与内涵阐释,分析了成功推行多层次养老保险体系的相关经济、政治和制度等方面的问题[①](林义等译,2006)。李树挺(1994)对多层次保险进行了重新定义:"多层次保险是由国家基本社会保险、企业补充社会保险和职工个人储蓄社会保险组成的相互联系、相互补充的社会保险制度";同时也对实施多层次社会保险体系的可行性进行了分析。朱青(2000)同样对多层次的养老保险体系给出了明确的答案:"多层次的养老保险制度是指人们的老有所养问题要通过多种渠道来解决,不能单纯依靠政府的社会保障,而是由政府、企业和职工个人三方共同承担养老责任[②]。多层次的老年经济保障制度一般包括政府的社会保障、企业的补充养老保险和个人的自愿性养老储蓄。发展多层次的养老保险体制主要是为了减轻政府的养老负担,并增加养老制度的灵活性。"同时提出多层次养老保险制度的理论基础和基本框架。

林义、胡秋明、辛本禄等对多支柱的养老保险体系同样进行了深入的研究。林义(2001)认为西方国家在多层次社会保险制度改革中逐步缩小政府的保障空间,拓展企业补充养老保险和个人储蓄保险的保障空间的这种私有化倾向有其制度和文化根源;并且进一步提出我国的多层次养老保障体系不能复制西方国家的经验,一味地搞私有化,而是应该强调政府的保障与企业、社区以及家庭保障的紧密结合,建立健全具有中国特色的我国多层次养老保险制度[③]。同样,辛本禄等(2005)对多支柱养老保险制度进行了进一步分析,提出在强制性以及自发性的综合性的诱导机制下建立多支柱养老保险制度

---

① 　罗伯特霍尔·茨曼.21世纪可持续发展的养老制度[M].北京:中国劳动社会保障出版社,
　　2004:36.
② 　朱青.关于我国"统账结合"式养老社会保险筹资模式问题研究[J].财政研究,2000(02):
　　68-71.
③ 　林义.西方国家社会保险改革的制度分析及其启示[J].学术月刊,2001(5):29-36.

是我国的合理选择,通过差异化制度的建立进一步满足老年人口的多层次保障需求。

林毓铭等(1996)以全球多支柱养老保险体系为研究对象,深入研究了多支柱养老保险的基本功能和内在结构,分类别、多层次地指出了我国现行的养老保险制度的缺陷,提出目前多支柱养老保险体系的改革框架为再分配、强制储蓄以及自愿储蓄三支柱,同时分别对亚洲、美洲、欧洲的养老保险的改革措施提出了自己的观点①。此外,刘智等(1998)、孙莉萍(1998)、杨微(2000)、沈浮(2005)等同样阐明了建立多支柱养老保险的重要性,并且给出了具体的政策建议。

显然,上述的研究为确立我国多支柱养老保险的政策思想,构建具有中国特色的养老保险体系,并付诸实践提供了科学依据和理论指导。

②关于多支柱(多层次)养老保险体系协调发展的研究。

鉴于我国的多层次养老保险制度尚处于初步的探索时期,发展还不够成熟,所以需要进一步深入的探索。

胡秋明(2000)和孙静(2005)分别从多支柱养老保险体系构架、实现功能、待遇水平及基金管理模式和财政责任分担等角度分析了企业补充养老保险、国家基本养老保险和商业养老保险的协调发展问题。胡秋明(2000)指出了多层次养老保险制度的实质是将传统的基本养老制度的一部分责任通过适当的转移,进一步减轻国家的财政负担,并且同时提出了要增强企业补充养老保险与基本养老保险在功能上的相互协调、基金管理模式的协调以及基本养老保险功能上的协调,并且制定具有长期性的发展战略②。

孙静(2005)指出,我国多支柱养老保险制度陷入困境的根本原因是政府责任的无限膨胀、养老保障责任不清和市场作用难以发挥,严重缩小了商业养老保险和企业年金的发展空间;提出通过正确处理三大关系(国家、企业和个人的关系)来划清养老保障的责任,明确各支柱的责任主体,分担风险,调

---

① 林毓铭,龚觉非.世界呼唤多支柱的养老保险体系[J].上海保险,1996(06):47-48.
② 胡秋明.多层次养老保险制度协调发展探讨[J].财经科学,2000(03):90-93.

动企业和个人的积极性,使各支柱在功能上互相补充,以促使整个养老保障体系趋于最优[①]。

③以多支柱养老保险体系中某一支柱或某一特殊群体作为重点的研究。

许多学者从不同的侧重点分析多支柱养老保险或者以某一特殊群体为对象进行多支柱养老保险体系的研究。

首先,侧重某一支柱的研究。单琰秋(2006)强调发展补充养老保险的理论意义和现实需求,特别是从保障职工退休后的待遇水平、增强企业凝聚力以及密切企业与职工的关系等方面进一步阐释了补充养老保险的重要性[②]。陈文辉(2008)、张建伟和胡隽(2007)强调充分利用商业保险的精算服务、筹资和给付方案的设计以及基金管理的优势,将商业保险纳入多支柱养老保险体系中,以发挥其重要作用。苏华等(2008)通过研究国家宏观经济环境以及微观企业环境与养老保险的多重关系,明确强调了发展多层次养老保险体系的重要性。周熙(2007)从社会资本的角度探讨家庭保障在多支柱养老保险体系中的重要作用,提出要结合中国的文化传统和社会环境,增进社会资本,完善我国的养老保险制度,建议将家庭养老纳入多支柱养老保险体系中。同样,姚凤民等(2002)也强调了我国传统的家庭养老对我国多支柱养老保险体系中第三支柱的重要的补充作用。

上述研究说明,我国的养老保险制度主要以发展基本养老保险为主。由于基本养老保险的比重过大,对第二、第三支柱产生了极大的挤压效应,这非常不利于我国多层次养老保险体系的深入发展,同时也导致多支柱养老保险的功能得不到有效的发挥。

其次,以某一特殊群体为对象进行多支柱养老保险体系的研究。由于我国特殊的二元经济结构,目前能够纳入社会保险系统的主要是城镇职工以及城镇居民,而其余只有极少数的人能够纳入养老保险体系之中。对此吴艳华(2005)、樊舸(2008)、李朝晖(2009)等人讨论并提出了针对农村居民及返乡

① 孙静,刘昌平.基金制养老金制度的理论分析[J].求索,2005(09):15-17.
② 单琰秋.发展补充养老保险,建立多层次养老保障体系[J].宜宾学院学报,2006(04):55-57.

农民工建立多支柱养老保险体系。

1.2.3 我国城乡统筹养老保险政策梳理

通过分析国外社会福利理论和多支柱理论,可以看出,养老保险制度的健全与发展已经成为一项关乎全体国民福祉的重要民生工程,养老保险在社会保障体系中占据着十分重要的地位,必须加以重视。但从目前来看,我国社会养老保险仍旧属于一种二元分割的状态,养老保险制度的社会统筹是大势所趋。关于建立基本养老保险统筹,我国已有一定的政策发展历史。1999年12月,党的十五届四中全会通过了《中共中央关于国有企业改革和发展若干重大问题的决定》,决定提出要进一步完善基本养老保险制度的省级统筹,提高养老保险基金的调剂能力。

我国正式的农村社会养老保险制度始于1992年民政部颁布的《县级农村社会养老保险基本方案》,截至1998年底,农村养老保险的参保人数为8 025万,覆盖了约10%的农村人口,1998年之后,由于利率持续走低和集体、政府补助缺位等因素,许多地区的农村社会养老保险制度陷入巨大的财务风险。

2011年10月,人社部发布了《关于做好当前新型农村和城镇居民社会养老保险试点工作的通知》,提出各地应高度重视关于扩大新农保试点与首批城镇居民养老保险试点工作的要求。这对逐步缩小城乡养老保险的现实差距,实现城乡养老保险制度相互衔接具有重要意义。

2014年2月,人社部发布了《关于印发<城乡养老保险制度衔接暂行办法>的通知》,对加强建立我国社会养老保障统筹发展做出了重要的规定。城乡社会养老保险统筹可以进一步促进我国养老保障事业的发展,并且对促进改善民生和社会稳定和谐具有深远意义。

1.2.4 城乡统筹养老保险研究综述

1) 国外学者对我国养老保险城乡统筹的研究及评述

我国养老保险制度的发展也得到了国外许多学者的关注,大部分学者的研究主要集中在提高我国养老保险的统筹层次上,主要的观点是统筹层次对我国养老保险城乡统筹发展能够起决定性作用。

（1）关于城乡社会保障一体化的研究。

第一，城乡社会保障分割影响研究。Oded Stark 和 David E. Bloom（1985）提出了劳动力迁移的经济学理论，认为一旦劳动力迁移社会保障出现缺失，将会对劳动力永久迁移产生严重阻碍[①]。John Giles 和 Ren Mu（2007）论证研究了父母身体健康与否同子女是否决定城乡迁移决策之间的关系，认为两者之间关系的重要变量是父母养老保险的覆盖程度[②]。

第二，城乡社会保障协调发展研究。Seldon（1997）认为我国养老金改革的目标在于缩小城乡社会保障待遇差距；Loraine（1999）认为可以通过把进城务工人员纳入社会保障体系，扩大养老保险覆盖面，从而实现养老保障制度的可持续发展；D. Gail Johnson（1998）认为随着城市化进程不断加深，农村家庭保障逐步弱化，因此应将农村居民纳入社会保障制度体系中。Jessica K. M. Johnson 和 John B. Williamson（2006）提出非缴费制的养老保险制度模式可以提高低收入国家养老保险覆盖率，非缴费制对城镇和农村均具有经济、社会和政治收益，在推行过程中，要根据城镇和农村的不同情况分别制定政策[③]。

（2）关于中国养老保险制度改革的研究。

Joseph E. Stiglitz（2006）认为中国的养老金制度改革可从三方面入手：第一是采用完全积累制，令缴费与收益相互挂钩；第二是在全国的平台上结合特定的省级体系；第三是建立一个养老最低保障制度，这一支柱以一般财政收入作为支持[④]。

John B. Williamson（2004）提出，中国应该建立三层次的养老保险模式：

① Oded Stark. Research on Rural-to-urban Migration in LDCs：The Confusion Frontier and Why We Should Pause to Rethink Afresh[J]. Elsevier Ltd 1982：63 - 70.

② John Giles. Is Life More Risky in the Open? Household Risk-coping and the Opening of China's Labor Markets[J]. Journal of Development Economics，2006：25 - 60.

③ John B. Williamson. The Political Economy of Pension Reform in Russia：Why Partial Privatization？［J］. Journal of Aging Studies，2006：165 - 175.

④ 约瑟夫·斯蒂格利茨.设计适当的社会保障体系对中国继续取得成功至关重要[J].经济社会体制比较，2000(3).

第一层次为通过工薪税筹资的最低收入确定收益型计划,具有强制性;第二层次为强制性的名义确定缴费型计划;第三层次是 FDC 层次,包括职业养老金和个人退休储蓄计划,由企业和个人自愿参加。并建议中国应将目前的准NDC 层次转变为真正的 NDC 层次,从而实现财务的可持续。同时,占中国人口 70%的农民没有老年社会保障,因此提出要建立一个低起点、不缴费、无条件、覆盖全国农村的最低社会养老金制度的制度构想[①]。

Overbye(2005)提出,在许多发展中国家,家庭保障功能随着社会的不断发展而逐步弱化,因此发展中国家农村老年人需要通过三种方式为其提供保障:一是扩大全国社会保障覆盖面——正规渠道;二是建立小范围保险制度——互助形式;三是提供社会救助性的养老金,保障对象为生活在农村贫困线以下的高风险群体[②]。

(3) 关于城乡社会保障体系发展的研究。

在发展中国家家庭养老能力削弱、人口老龄化严重、农村养老保障形势堪忧的情况下,Jessica K. M. Johnson 和 John B. Williamson(2006)研究了社会成员无须缴社会保险金、实现城乡统一养老保障制度的可行性。

从国外研究看,其丰富的养老保险理论成果和实践经验在一定程度上给我国当前城乡养老保险制度建设提供了一些有益的启示,某些主张甚至是亟待吸收和采纳的。但毕竟因为国情不同,尤其是我国城乡二元化程度很深、地区间发展差距大,养老保险发展起点较低,部分西方学者观点并不完全适用于我国的现实情况,其对中国养老保险制度的研究也大多停留在宏观层面,缺乏深刻性,没有从多角度挖掘现存问题的根源,对中国农村养老保险制度专项研究更是少见且略显不适,其研究显示出局限性。这也要求我们在研究的过程中除了适当借鉴国外的先进经验,还要结合国内实际进行本土化的深入拓展。

---

① 约翰·B·威廉姆森,申策.中国养老保险制度改革:从 FDC 到 NDC 层次转换[J].经济社会体制比较,2004(3).

② Overbye. Extending Social Security in Developing Countries: a Review of Three Main Strategies[J]. International Journal of Social Welfare, 2005, vol14, p305 – 314.

我国养老保险制度的发展也得到了国外许多学者的关注,大部分学者的研究主要集中在提高我国养老保险的统筹层次,主要的观点是统筹层次对中国养老保险城乡统筹发展起到了决定性的作用。Mitchell(2002)从规模效应的角度分析,参加养老保险的人产生的规模效应,对降低养老保险制度的成本至关重要 。Tamara Trinh(2006)认为中国目前的养老保险制度在制度和保障水平上存在着城乡不公平、群体不公平、区域不公平等不公平性,中国要建立更加公平可持续的养老保险制度。Luzaizhe(2013)论证了为了加快城镇化的建设,要促进劳动力的自由流动,养老保险制度的省级统筹是最大的阻碍,中国应把养老保险的统筹层次提高到全国。Wilde,H 和 Gollogly,J.G(2014)提出,为了保证养老保障体系的可持续发展,政府财政能够负担,可以扩大养老保险的覆盖面,同时,降低养老金的水平。养老保险的城乡统筹发展是要经过长期的发展过程的,在国外,城乡一体化的养老保险制度的建立,都是在工业化和城镇化非常成熟的背景下颁布的。但不同的是,国外对于农村的养老保险制度有成熟的农民组织作为经办机构,而且是单独立法、单独管理,基本模式与城镇养老保险模式基本一致,这为养老保险的城乡统筹奠定了良好的基础。Sebastian Galianiv 和 Rosangela Bandod (2016)认为在国家致力精准扶贫的背景下,非缴费型养老金计划可以改善贫困老年人的生活水平,非缴费型养老金计划的建立变得越来越普遍。Nadia Sabitova,Sofia Kulakova,Irina Sharafutdinova(2015)研究了 20 世纪 90 年代初俄罗斯的金融体系。其中养老基金是政府财政系统中最重要的金融组成部分。

2)国内养老保险城乡统筹的研究

随着我国经济社会的发展,城镇化进程的加快推进,城乡二元结构已不能适应目前的经济社会形势,其所带来的社会矛盾也日益凸显。其中,破除养老保险的城乡分割和"双轨制"愈加迫切。在学界,也引起了不少的关注与研究。通过对近三十年学界对基于城乡统筹理论的养老保险的研究,不难发现,学者们研究的脉络从最初的研究养老保险城乡统筹的必要性,到城乡统筹的可行性分析,再到构建城乡统筹养老保险模式的思路及路径进行了分析。

1999 年,我国开始进入了老龄社会。我国进入老龄化的时间不仅较早而且呈现迅速发展的势态。自 1982 年第三次人口普查到 2004 年，我国的老年人口增速很快，平均每年增加 302 万，年平均增长速度为 2.85%，而总人口增长速度仅为 1.17%。2004 年底，我国 60 岁及以上老年人口数量为 1.43 亿，占总人口的 10.97%。根据全国老龄工作委员会办公室发布的《中国人口老龄化发展趋势预测研究报告》预测，我国的老年人口在 2020 年将达到 2.48 亿，老龄化水平将为 17.17%；我国老年人口总量在 2050 年将超过 4 亿，老龄化水平将超过 30%。与城市相比，农村人口的老龄化程度更深，农村养老问题的压力更大。目前，我国农村 60 岁以上的老年人数量已经超过农村总人口的 10%。表明在经济发展水平很低的情况下，我国农村人口就已经进入了老龄化进程，传统的家庭保障很难维持老年农民的养老和生活需求，农村养老保险体系的缺失将使老龄化走向贫困与不健康。我国建立农村养老保险体系的必要性与迫切性不言而喻。

郑功成(2008)提出我国城乡二元分割的现实使得基本养老基金难以在城乡之间进行调剂使用，削弱了基本养老保险的互助共济功能，也存在很多负面影响。因此要在现有的基本养老保障制度基础上建立新的全民性基本养老保险制度，加强城乡居民养老保险的制度统筹建设[①]。杨宜勇(2007)从人口老龄化所带来的风险、家庭养老保障功能的弱化、土地养老保障功能的削弱以及城镇化建设的需要等几个方面，对我国加快建立养老保险城乡统筹的必要性进行论证[②]；汪沅、汪继福(2008)具体分析了我国社会养老保险城乡二元结构，提出社会养老保障制度的城乡统筹是促进我国城乡统筹的重要措施，能够维护社会稳定、实现社会和谐发展[③]。吴湘玲(2005)提出养老保险的城乡统筹发展，可以缩短城乡差距、摒除城乡差别，维护社会公平[④]。和俊民

① 郑功成.中国社会保障改革与发展战略—理念、目标与行动方案[M].北京:人民出版社,2008:17.

② 杨宜勇,顾加佳,顾严.统筹城乡养老保险体系问题研究[J].经济与管理研究,2007(04):38-42.

③ 汪沅,汪继福.我国社会养老保障制度的城乡统筹问题探析[J].税务与经济,2008(03):28-32.

④ 吴湘玲,叶汉雄.我国基本养老保险的城乡分割及其对策探讨[J].江汉论坛,2005(11):142-145.

(2013)认为,加快养老保险制度城乡统筹不仅是适应劳动力流动的需要,也是缩小城乡差距的现实需要,并且能够积极促进社会的公平性[①]。薛惠元、张微娜(2014)对我国养老保险制度的"碎片化"现象进行分析,认为当前的社会养老保险的"碎片式"发展加剧了不同群体的收入差距拉大以及制度衔接程度的难以修复,进而提出建立城乡统一的社会养老保险制度是社会保障制度发展的必然趋势[②]。

(1) 城乡养老保险统筹的可行性。

从国家层面来说,党的十七大报告就已经提出,我国要加快建立城乡居民社会保险体系,到十八大三中、五中全会提出,全面实施城乡居民社会保险体系,以及加快推进基础养老金全国统筹。这说明,我国高度重视养老保险制度的完善,并从制度层面已经开始对养老保险进行城乡统筹,例如:城乡居民养老保险制度的实施、机关事业单位养老保险与城镇职工养老保险制度的并轨等。从财政支持来说,2015 中国全年国内生产总值(GDP)67.67 万亿元,在世界排名第二,仅次于美国,人均 GDP 为 5.2 万元,约合 8 016 美元。我国的经济实力为城乡养老保险的统筹发展提供了坚实的基础。同时,个人的经济实力也为城乡养老保险水平的提高提供了可行性。从覆盖面上来说,公民参加养老保险的意识不断增强,尤其是农民参加养老保险的意识不断加强,养老保险的覆盖面逐步攀升,到 2014 年底,我国参加基本养老保险的人数为84 232 万人,覆盖率约为 62%[③]。因此,从我国的经济、社会、政治、政策等条件可看出,城乡养老保险统筹发展的条件已基本成熟。

在学界,对于城乡养老保险统筹发展的时机问题虽然有争议,但是其实貌似对立的争议都指向了可以统筹。例如,陈平(2002)提出,城乡养老保险的统筹没有提出具体的标准,是降低现有的标准? 还是提高标准? 童广印

---

① 和俊民,杨斌.中国城乡养老保险制度差异问题研究——基于城乡统筹的视角[J].郑州大学学报(哲学社会科学版),2013(06):85-89.

② 薛惠元,张微娜.建立城乡统一的社会养老保险制度——基本理念、基本路径与制度模式[J].税务与经济,2014(03):1-9.

③ http://www.chinanews.com/gn/2015/05-28/7307228.shtml.

(2010)等也认为城乡统筹的关键在于要确定具体标准,是"就低"? 还是"就高"? 以上提出的都是关于城乡统筹养老保险的标准问题。而黎民、傅征(2009)等学者也论证了关于标准的问题,提出以城镇职工养老保险为参照,通过测算,农村居民以城镇职工养老保险参保的标准来缴纳,城乡养老保险统筹的时机约在 2033 年。黄英君(2010)基于城乡统筹的背景,对我国二元化城乡社会保障体系的现状进行分析和绩效评价,在此基础上反思了对其重构的必要性和可行性,分别从经济基础、法律保障以及技术可持续性等几个方面,探讨了我国建设社会养老保险城乡统筹的进度[①]。丁建定(2014)提出我国进行养老保险制度城乡统筹具有五大有利条件,包括执政理念的科学化、城乡统筹的共识、政府职能的转变、经济的快速增长、养老保险制度内部机制的部分统一。这些有利条件都可以有效促进我国加快基于城乡统筹理论的养老保险制度的建立[②]。

然而,要实现农村居民与城镇职工养老保险的水平一致,在当前我国经济社会发展现状下,是不太现实的,而且全国公民都享有统一标准的养老保险制度也不是城乡统筹养老保险发展的目标,所以,目前来说不能"就高"。但社会保障水平是刚性的,也不能通过降低城镇职工养老保险的待遇来达到养老保险的城乡统筹,所以,也不能"就低"。但这不能说明就不能推进养老保险的城乡统筹,毫无疑问,养老保险的城乡统筹大势所趋,势不可挡。因此,要从顶层设计,明确养老保险制度城乡统筹的思路、模式及路径,分步骤、分阶段地进行。

(2) 城乡养老保险统筹的总体思路和路径。

①城乡养老保险统筹的总体思路。

从目前的研究成果来看,部分学者如郑秉文、齐传君(2009)提出了打破城乡界限和职业界限,重构当前的社会养老保险制度,建立基于国民身份的

---

① 黄英君,郑军. 我国二元化城乡社会保障体系反思与重构:基于城乡统筹的视角分析[J]. 保险研究,2010(04):52-60.

② 丁建定,张尧. 养老保险城乡统筹:有利条件、理性原则与完善对策[J]. 苏州大学学报(哲学社会科学版),2014(05):11-16.

"大一统"基本养老保险,即全国一个制度、一种规则[①]。但更多学者认为在我国目前的城乡二元化格局下,实施城乡完全统一的社会养老保险制度不太现实,也没有可能,应根据客观现实,分步渐进,逐步统一,甚至有些学者还设计出了实现社会基于城乡统筹理论的养老保险的"时间表"和"路线图"。

首先是应该通过完善农民工或被征地农民养老保险为基础进而构建城乡统筹的社会养老保险制度。卢海元(2007)提出,实行以个人账户为主、调剂为辅、待遇可不断调整提高的高弹性、强适应、可推广的制度模式,率先建立被征地农民社会养老保障制度,这既是目前建立农村社会养老保险制度的突破口,也是构建有中国特色的城乡统一的国民社会养老保障制度的突破口[②]。李友根、朱晓菱(2010)认为,农民工养老保险问题重重的原因是其制度构建并未贯彻城乡统筹的发展思路,在城乡统筹背景下,政府应承担主要责任,按照分类分步、循序渐进、体现差别、提高统筹层次、统一制度的原则完善农民工群体的养老保险政策,目标应是使广大农民工都能实际进入养老保险制度覆盖范围,使履行了同等义务的农民工与城镇职工在养老保险方面享有同等的权利,并使跨地区就业以及返乡农民工的养老保险权益能够通过接续和累计得到切实保障[③]。丁建定(2014)认为养老保险制度城乡统筹要坚持合理确定养老保险城乡统筹与城乡一体化的关系、重视养老保险制度环境因素、完善养老保险"次优"制度、小步渐进和分步实施的渐进式改革、试点先行的推进思路、兼顾公平和效率的制度调整等理性原则。通过推进传统户籍制度的改革,实现城乡社会养老保险制度全覆盖,建立整合与转移接续机制,完善财政责任与监管机制,将养老保险城乡统筹纳入法制化轨道,最终实现养老保险城乡统筹。

其次是应该以完善新农村社会养老保险为切入点去推进城乡社会养老

① 郑秉文,齐传君."大一统":社保改革的未来方向[J].宁波经济(财经视点),2009(06):36 - 38.

② 卢海元.以被征地农民为突破口 建立城乡统一的国民社会养老保障制度[J].中国劳动,2007(02):19 - 21.

③ 李友根,朱晓菱.城乡统筹背景下的农民工养老保险模式设计[J].生态经济,2010(10):70 - 74.

保险制度的统筹发展。吴湘玲(2005)提出要消除我国养老保障的城乡分割，必须在反思现有的基本养老保险制度基础上，建立新的全民性的基本养老保险制度[①]。封铁英(2008)等认为，我国城镇社会养老保险的工作重点已由制度建立转向制度的可持续性发展，处于较高层次的发展阶段，而农村社会养老保险发展相对滞后，尚处于多路径探索阶段，要实现城乡养老保险制度一体化必须加快构建农村养老保险体系，加大政府财政转移支付的力度，加快农村剩余劳动力的转移和社会养老保险技术建设[②]，保险制度统筹发展。杨宜勇(2007)等提出，当前我国已开始进入工业反哺农业阶段，考虑到城乡差别和区域经济发展不平衡的现实，建立农村社会化养老保险体系应遵循水平从低到高的规律，分层次、分步骤进行，并逐步将城乡二元养老保险统一于城乡一体化的全国统一养老保险方案中[③]。

②社会养老保险城乡统筹的路径分析。

陈丽如(2016)以城乡养老保险一体化的内涵为基点，通过描述城乡养老保险一体化的现状与意义来分析实现城乡养老保险一体化的可行性，设计其可行性的制度安排和路径选择。从改革户籍制度，建立动态缴费标准制度以及完善农民工保险关系迁转续接制度等多个方面探讨了社会养老保险城乡统筹的路径实施[④]。刘军伟(2011)通过分析我国城镇职工养老保险制度与农村居民养老保险制度之间在制度目标与理念、筹资模式以及个人账户管理等之间的差异，主张通过"统筹发展"方式来全面推进我国城乡养老保险制度的一体化建设[⑤]。黄英君(2010)分析了我国二元城乡社会保障体系的现状并对

---

① 吴湘玲,叶汉雄.我国基本养老保险的城乡分割及其对策探讨[J].江汉论坛,2005(11):
   142-145.
② 封铁英,刘芳,段兴民.城乡社会养老保险政策地区差异评析[J].中国人力资源开发,2008
   (04):74-77.
③ 杨宜勇,顾加佳,顾严.统筹城乡养老保险体系问题研究[J].经济与管理研究,2007(04):
   38-42.
④ 陈丽如,王妍,刘雯.城乡养老保险一体化的制度设计与路径选择[J].中国管理信息化,
   2016(01):203-204.
⑤ 刘军伟.二元经济理论视角下的城乡养老保险统筹发展路径研究[J].经济问题探索,
   2011(05):130-133.

其进行了绩效评价,在此基础上对城乡社会养老保险的额重构成进行了可行性分析,从正确理解城乡统筹内涵、明确战略思路、确立城乡社会保障制度相衔接的突破口和明晰三方责任分摊机制等方面提出了路径参考①。雷晓康、陈茜、常沁芮(2014)通过梳理养老保险制度可持续发展的内涵,分析影响制度可持续发展的内外部因素,提出了使养老保险在制度、财务、管理上攻克这些制约因素以实现可持续的路径。更加公平与可持续的养老保险是全体中国人的诉求,这一诉求必须通过统一的制度、合理细分的项目和科学的费基费率设计才能实现②。席恒(2014)认为,作为更加公平可持续养老保险制度的核心,科学的养老保险费基费率设计以及与此相关的缴费年限与工作年限(退休年龄)政策与动态均衡,是实现更加公平与可持续养老保险的必由之路③。

综上所述,近年来学术界对我国养老保险城乡统筹的研究是丰富和富有成效的,学者们提出的统筹战略与统筹路径为养老保险制度的完善打下了坚实的基础,为养老保险的城乡统筹具体模式的制定、路径的涉及提供了很好的理论依据与现实的参考。但相关研究需要进一步深化,具体表现在以下三个方面。

第一,学术界关于社会保障一体化的研究较多,但对于养老保险的城乡统筹研究相对较少,且大多停留于定性描述,对于养老保险的统筹成本、财政负担能力、可行性论证缺乏定量测算。因此,基于城乡统筹理论的养老保险制度研究需要加大力度,尤其论证部分需要加强定量的测算。

第二,对于现有养老保险制度城乡统筹的研究,主要集中在统筹层次、覆盖面、实施步骤等宏观层面,对于待遇水平、筹资模式、给付方式等微观层面则研究较少,而这些正是养老保险城乡统筹的核心。因此,有必要对养老保

① 黄英君,郑军.我国二元化城乡社会保障体系反思与重构:基于城乡统筹的视角分析[J].北京:保险研究,2010(04):52-60.
② 雷晓康,陈茜,常沁芮.我国养老保险制度可持续发展的内涵与实现路径[J].西北大学学报(哲学社会科学版),2014(04):64-70.
③ 席恒,翟绍果.更加公平可持续的养老保险制度的实现路径探析[J].中国行政管理,2014(03):11-14.

险在统筹过程中会遇到的问题进行剖析,以便顺利地推进养老保险的城乡统筹。

第三,在当前我国经济社会发展条件下,部分学者对我国养老保险制度的完善仍是对制度的部分内容进行完善。然而,养老保险制度的城乡统筹应该通过顶层设计、系统思考,全方位、全局、多层次、多主体等研究城乡养老保险制度统筹过程中的问题。

城乡养老保险的统筹是一项涉及民生的重大系统工程,对城乡养老保险制度统筹模式的确定、政府的财政能力、企业和个人的负担能力以及具体的实施步骤,都需要精准、无误、科学、系统的测量与预测。因此,以上问题的研究对我国养老保险制度的城乡统筹发展具有重要的理论意义与现实价值。

1.3 研究思路、研究框架与创新点

1.3.1 研究思路

以城乡统筹基本理论为基础,比较分析国际上养老保险城乡统筹模式,根据我国养老保险制度现状以及我国国情,以维持现有养老保障水平作为统筹模式养老保障制度的最低替代率标准,提出基于城乡统筹理论的养老保险"新五支柱"模式,并对以国民年金为基础的"第零支柱",个人缴费为主体的"第一支柱"、企业缴费为主的"第二支柱",企业年金为补充的"第三支柱",以及商业保险和个人储蓄为主的"第四支柱",利用系统动力学、精算模型、计量经济学模型等方法研究城乡统筹养老保险制度的可行性,最后提出我国基于城乡统筹理论的养老保险"新五支柱"模式的实施路径与配套措施,为我国养老保险的城乡统筹发展提出政策依据与对策建议。

1.3.2 研究框架

本书研究框架如图1-1所示。

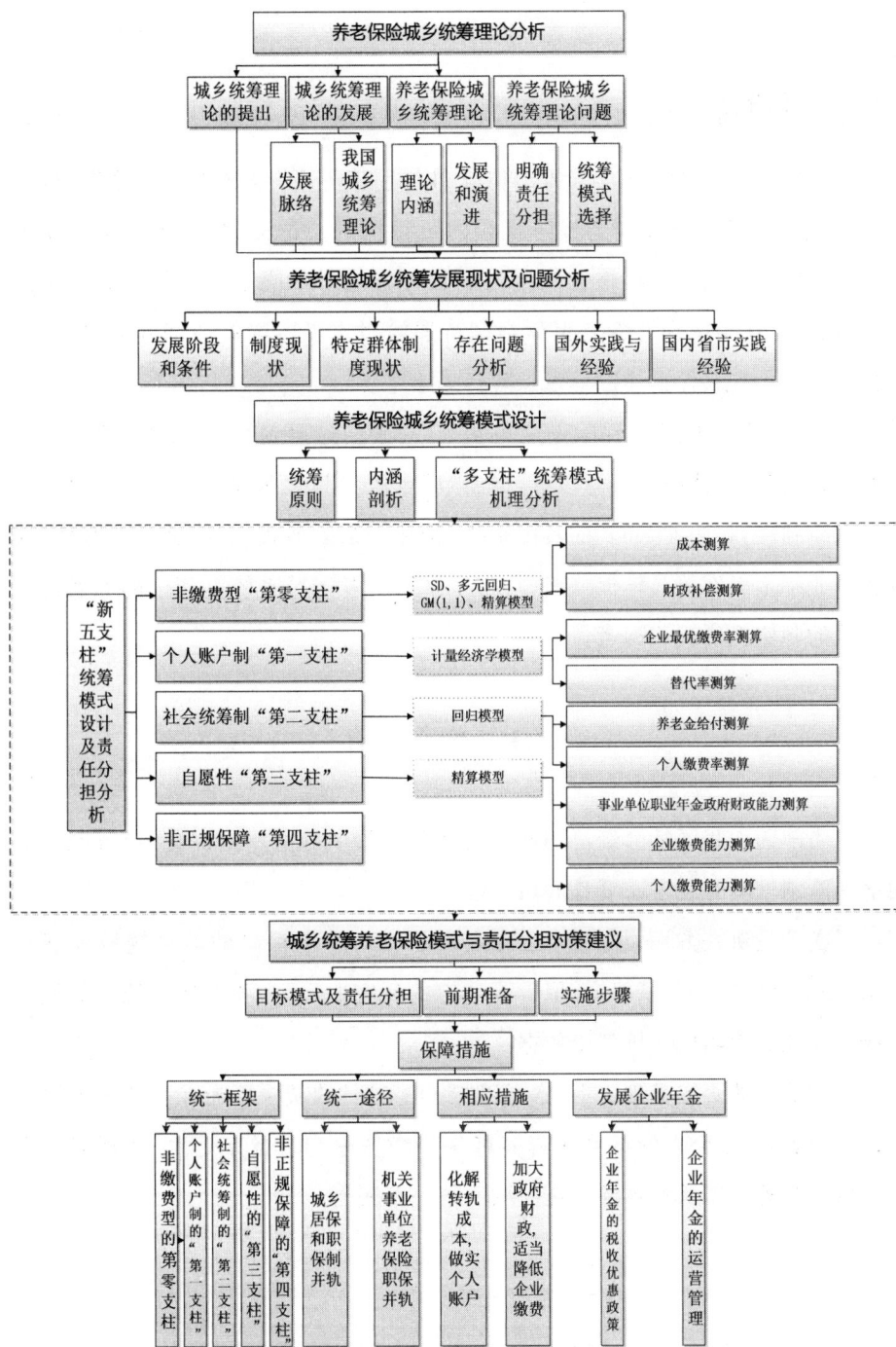

图 1-1 研究技术路线图

1.3.3 创新点

（1）对养老保障城乡统筹的概念进行明确界定，根据城乡统筹理论，对"新五支柱"城乡统筹养老保险模式的可行性进行论证，综合运用系统动力学、精算模型、柯布—道格拉斯生产函数等方法对不同缴费主体的缴费能力进行测算，在维持现有养老保障制度待遇给付水平不降低的基础上，进一步提升城乡所有参保群体的养老保险待遇水平。

（2）以目前的养老保险制度为基础，对平稳过渡到"新五支柱"模式的时间点、步骤等具体路径进行设计，提出"城乡居保"和"职保"、机关事业单位养老保险制度和"职保"并轨的具体举措，论述增加财政投入，降低企业缴费、完善企业年金制度等具体保障措施，为未来我国基于城乡统筹理论的养老保险政策的制定提供决策参考。

1.4 本章小结

当前随着我国社会经济的朝向现代化发展的趋势不断深化，统筹城乡养老保险制度具有现实必要性和可行性。

在理论研究方面，国内外已有众多学者对养老保险的城乡统筹发展层次、环节等问题进行了研究，取得了一定的研究成果，为我国构建统一的城乡统筹养老保险制度提供理论依据。

在前人的研究基础之上，本书以"新五支柱"的城乡养老保险统筹模式为研究内容，探索合理的城乡统筹养老保险缴费率和替代率，力争实现养老保障城乡统筹发展从城乡整合迈向城乡统一发展。

第2章 城乡统筹养老保险理论分析

城乡关系是人类社会发展过程中最重要、最根本的关系之一。从一定意义上讲,城乡关系问题是否处理得当,直接关系到我国社会经济发展的进程和全面建设小康社会的伟大实践。我国从新中国成立到改革开放之前一直处于城乡分离、城乡对立的状态,城乡二元经济的社会结构对我国经济社会的发展构成了严重阻碍。

城乡发展问题的复杂性和重要性,吸引了各科学者从不同的视角介入到研究当中,形成了以下理论学派,如表2-1。

表2-1 城乡问题理论学派

理论学派	研究视角
学科背景	经济学、社会学、地理学、规划学、人口学
研究角度	区域、城市、乡村或城乡相互作用
研究方法	抽象的理论演绎、规范的实证研究以及两者结合的方法
研究区域	非洲、拉丁美洲和东南亚等

梳理西方城乡理论的发展脉络,可知,城乡理论起源于20世纪50年代,从朴素的城乡整体发展到80年代的城乡融合发展,具体发展脉络如表2-2。

表2-2 西方城乡发展理论研究进展

	20世纪50年代前	20世纪50年代	20世纪50年代末—20世纪60年代	20世纪70年代	20世纪80年代	20世纪90年代以来
城市偏向	刘易斯—拉尼斯—费景汉模型	增长极核心—边缘模型	城市偏向理论	自上而下发展、次级城市战略	大都市区、大都市伸展区、巨型城市	

（续表）

20 世纪50 年代前	20 世纪50 年代	20 世纪 50 年代末—20 世纪 60 年代	20 世纪70 年代	20 世纪80 年代	20 世纪 90年代以来
城乡联系	空想社会主义学说、西方早期城市理论、马克思主义城乡发展观	城乡分离	城乡分离	城乡分离	城乡融合、统筹城乡联系	Desakota模式、区域网络战略、城乡相互作用
乡村偏向			农村综合发展	乡村城市战略	自上而下发展、选择性空间封闭	新乡村建设

2.1　城乡统筹理论的提出

城乡理论萌芽于工业革命开始时期，随着资本主义的发展而进一步深化，西方早期的许多流派都是主张实施城乡平衡发展的。圣西门（Saint-Simon）[①]的"城乡社会平等观"、查尔斯·傅立叶（Charles Fourier）[②]提出的"理性社会制度"和罗伯特·欧文[③]"共产主义新村"等理念都包含了城乡一体化发展理念和城乡协调发展的原始构想。随着西方城市理论的发展，霍华德（Ebenezer Howard）[④]提出的"田园城市"思想和赖特（Frank Lloyd Wright）[⑤]的"区域统一体"理论形成了城乡一体化发展的根源；刘易斯·芒福德（Lewis Mumford）明确指出城乡发展不能相互割裂，要有机结合起来。

---

① Saint-Si mon. Saint-Simon's Anthology[M]. Beijing：The Commercial Press，2004.

② Charles Fourier.Charles Fourier's Anthology[M]. Beijing：The Commercial Press，2009.

③ Robert Owen. Robert Owen's Anthology[M]. Beijing：The Commercial Press，1965.

④ Ebenezer Howard.Garden Cities of Tomorrow[M]. Translated by Jin Jingyuan. Beijing：The Commercial Press，2011.

⑤ 王振亮.城乡空间融合论[M].上海：复旦大学出版社，2000.

　　以马克思为代表的城乡协调发展理论观则从历史角度阐释了城乡关系，认为随着时间的推移，城乡对立必然会走向城乡融合，但是需要漫长的历史时间。列宁和斯大林也结合社会主义的实践论证了新型城乡关系，他们认为城乡融合随着经济社会的发展是必然结果，但是城乡关系从对立走向融合需要一个过程，而不是一蹴而就的。

　　马克思与恩格斯认为城乡发展问题在经济社会发展中具有举足轻重的作用，甚至是影响整个社会体系的重要环节。在资本主义发展初期，城乡之间的对立局面非常尖锐，马克思、恩格斯在其著作中深刻地剖析了整个人类社会的发展历程，特别对他们所处的资本主义初期的城乡对立局面进行了深入的研究。在此基础上，提出了未来社会消除城乡对立、实现城乡统筹与融合的一些论述和构想。马克思提出"将结合城市和乡村生活方式的优点而避免两者的偏颇和缺点"。

　　马克思主义城乡关系理论认为，导致城乡对立的根本原因在于资本主义私有制及其对农民的剥削。资本主义的产生和发展，一方面工业和人口集中在城市，导致了城乡的差异扩大，这就为城市资本家剥削农业生产者创造了条件。马克思在《资本论》中强调了农业的重要性——农业是经济的基础，理由有三点：首先，他认为农业生产是剩余劳动产生之源；其次，有关农业的生产活动是人类存在和生产连续的基础；第三，社会分工和其他活动是建立在农业基础上的，农业作为第一产业对其他社会活动和生产活动起到了重要的支撑作用。

　　在马克思、恩格斯看来，城乡之间的分离不是永久的，城乡之间的尖锐对立也并不是无法消除的。马克思、恩格斯运用唯物史观把城乡之间的分离和对立确定为历史范畴，这即意味着城乡分离、对立具有必然性，同时也存在被消灭的可能。城乡关系的发展是一个随着历史演进的过程：在生产力水平不断提高的作用下，城乡之间由最初的古代社会里的混沌关系，到私有制社会里的尖锐对立，再到发展为社会主义社会时期城乡对立的逐渐消除，最终在共产主义社会中彻底消除城乡对立。恩格斯在《论住宅问题》《反杜林论》中强调：消灭城乡对立和消灭资本家与无产阶级之间对立一样，不是空想。

马克思、恩格斯对消灭城乡对立后最终形成的城乡关系做出了定义——城乡融合。在他们看来,城乡融合就是:"结合城市和乡村生活方式的优点而避免两者的偏颇和缺点",消除从事工业和农业的劳动者的阶级区别。消灭由城乡分离、对立引起的城乡里的种种弊端,最为直接的方式就是实现城乡之间的融合。马克思、恩格斯认为城乡融合,将为城市排毒,清除污染,使很多东西变废为宝,甚至变毒为宝。

在深入研究城市与乡村关系的基础上,马克思主义提出了城市与乡村统筹发展的理论,并对实现这一目标进行了分析,要从消灭私有制、发挥城市带动农村的作用、统筹城乡产业三个方面入手。

马克思主义认为城乡对立之所以会出现,主要是因为私有制,这是根本原因。同时认为资本主义私有制促进了城乡对立的出现,使人局限在两个范围内,两者的差距越来越大,造成利益冲突、对立,因此,必须消灭私有制,才能从根源上彻底消除城乡对立,促进城乡融合。

马克思认为城市在政治、经济及其他方面比农村优越,这是商品经济和资本主义国家发展必然会出现的现象。城市的发展必定会带动农村各个方面的发展,城市的优越条件会吸引农村人口进入城市并融合在一起,从而提高农村人口生活质量,使其摆脱孤立和愚昧的状况。在论述中指出:"城市的繁荣也把农业从中世纪的简陋状态中解脱出来了。"[1]在城乡融合中,城市的优越条件必会给农业带来积极影响,促使农村农业改善现有的状况,推动农村进步,这说明城市在农业发展中有着不可替代的作用。

在城乡融合的方法与途径上,马克思主义尤其重视工业与农业相结合的作用,《共产党宣言》中指出工农结合,消灭城乡差距。马克思主义认为,城乡对立是工农发展水平不高的体现,大工业时代的工业生产实现了全国的均衡分布,不再局限于地方,这就为消灭城乡分离提供了条件,所以消除城乡对立就不是空想了。

马克思主义关于城市与乡村的认识起源于自由资本主义时期,而我国城

---

① 马克思恩格斯全集(第4卷)[M].北京:人民出版社,1958:371.

市与乡村的发展没有经历过这一特定历史过程,是直接从封建社会发展起来的。在社会主义国家实行市场经济,是时代的创举。由于时代的不同,马克思主义城乡关系理论并不能对我国当前城乡关系中出现的问题给出合理的答案,但是我们完全可以将马克思主义城乡关系理论运用到我国的城乡关系实践中,在实践中不断地丰富、完善城乡关系理论,使城乡关系理论与时俱进,用以指导新的城乡建设实践。

2.2　城乡统筹理论的发展

2.2.1　城乡统筹理论发展脉络

20 世纪 50 年代以后,西方城乡关系的思想经历了刘易斯理论、增长极理论、城市偏向理论、乡村城市战略理论、Rondinelli[①] 自上而下"次级城市"战略和波特(Porter)的"城乡联系与流"思想理论等。20 世纪 50 年代,城乡关系理论成果主要是刘易斯—拉尼斯—费景汉模型,该模型产生于有关城镇对乡村的寄生性(parasitic)或者生产性(generative)的研究,拉尼斯和费景汉结合刘易斯(W. A. Lewis)的"二元结构"的概念和分两部门经济发展模型,建立了"刘易斯—拉尼斯—费景汉"模型。

20 世纪 50 年代末,学者们认为二元经济结构理论过于强调城市工业的重要作用从而导致农村发展缓慢,从而逐渐产生城乡发展的两个理论派系,一类是乔根森模型和托达罗模型;认为应该保持工业与农业的平衡发展。另一类是以增长极和核心——边缘关系为代表的城乡空间极化发展理论模型。托达罗(Todaromp)[②]认为中国的农业发展落后是对城市工业发展过于重视造成的,他认为应该综合开发农村农业发展。虽然上述理论提出了加强农业农村发展的重要作用,但是仍然没有摆脱城乡分割的范畴,这两种理论是带

---

① RONDINELLI, DENNIS A. Secondary Cities in Developing Countries: Policies for Diffusing Urbanization [M]. Sage Publications, Beverly Hills, 1983.

② 托达罗. 经济发展与第三世界 [M]. 北京：中国经济出版社, 1992.

有明显城市偏向性的城乡发展理论。

20 世纪 60 年代,法国经济学家佩鲁(Francois Perroux)[①]提出区域发展理论——增长极理论,该理论经过布德维尔(Boudville)、瑞典经济学家谬尔达尔(Myrdal)[②]、赫希曼(Hirschman)和费里德曼(Friedman)[③]等学者的深化逐步完善。增长极理论支持城市工业的发展和中心城区的投资,通过上述措施的扩散效应发展乡村地区。但是在拉丁美洲和非洲的实践证明这一理论并不易取得成功,所期望的"扩散效应"被强化集中的"回流效应"所取代,不但没有缩小城乡之间的差距,反而使其进一步强化扩大。米尔顿·弗里德曼(Milton Friedman)[④]在此基础上提出了核心—边缘理论,弗里德曼认为:工业化和城乡经济发展在空间上并非均衡分布,而是集中在一个或少数几个地区,它的空间组织表现为二元结构。该理论在增长极理论上进一步深化,通过政府的投资和人口因素的扩散淡化城乡之间的边界。在这一阶段,大多数的学者都认为发展源于某个地方或者区域,通过扩散和发展,消除乡村地区的不平衡。这些理论都带有明显的城市偏向性,最终都使得城乡之间的差距进一步扩大。

进入 20 世纪 70 年代,传统的自上而下(top—down)的城乡发展理论被认为不再适合城乡关系的长远发展,学者们开始认识到城乡是不可分割的统一体,两者的统筹发展才是城乡关系发展的最终目标。这一观点以 Lipton 的"城市偏向(Urban Bias)"理论、弗里德曼 & 道格拉斯(Douglass)提出的乡村城市(Agro-politan)战略、Rondinelli[⑤]提出的"次级城市发展战略"为代表。

① 阎小培,林初升,许学强.地理·区域·城市:永无止境的探索[M].广州:广东高等教育出版社,1994.

② J. R. Boudeville. Problems of Regional Economic Planning[M]. Edinburgh University Press,1966.

③ Regional Economic Development,Edited by B. Higgins and D.J.Savoie,Unwin Hyman Ltd,1988.

④ Friedman. Regional Development Policy:Acase Study of Venezuela[M].Cambridge:MIT Press. 1966.

⑤ Rondinelli,Dennnis A. Secondary Cities in Developing Countries:Policies fo Rdiffusing Urbanization[M]. Sage Publications,Beverly Hills,1983.

日本学者岸根卓郎[①]从系统论角度出发,强调城乡融合发展。道格拉斯从城乡相互依赖的角度提出了区域网络发展模型。

城乡融合理论随着全球经济一体化的到来进一步深化,进入到 20 世纪 90 年代以后,全球经济不断融合以及网络社会飞速发展使得大都市区(Megalopolitan)、大都市伸展区(EMRs)和巨型城市(Mega-city)的理念开始出现。上述理念的出现催生城乡关系理论向区域城乡发展观(regional network strategy)和城乡相互作用理论(rural-urban interaction)的发展。尤其是 20 世纪末期,麦吉(Mc Gee)[②]发现城市与乡村界限日渐模糊,农业活动与非农业活动紧密联系。

进入 21 世纪,发展中国家的不断发展使得城乡关系有了新的变化,与城乡分割不同,城乡相互作用开始被学者们接受。以昂温(Angwen)[③](1989)提出的城乡间的相互联系的分析框架和道格拉斯[④](1998)在构建了城乡联系图表将城乡相互作用研究引向深入。近些年来,城乡间相互作用的发展逐渐兴盛,塞西莉亚·塔科里(Cecilia Tacoli)[⑤]和大卫·塞特思威特(David Satterthwaite)[⑥]构建了积极的和消极的"城乡相互作用与区域发展"的关联

① 岸根卓郎. 迈向 21 世纪的国土规划:城乡融合系统设计[M]. 高文琛,译.北京:科学出版社,1985.

② MCGEE T G.Labour Force Change and Mobility in the Extended Metropolitan Regions of Asia [A]. In ROLAND FUCHS,eds. Mega — City Growth and the Future[C]. U N:University Press,1994:62 - 102.

③ GERMAN ADELL. Theories and Models of the Peri-urban Interface:a Changing Conceptual Landscape. Strategic Environmental Planning and Management for the Peri-urban Interface Research Project,1999.

④ DOUGLASS,MIKE. A Regional Network Strategy for Reciprocal Rural-urban Linkages [J]. An Agenda for Policy Research with Reference to Indonesia[J]. Third World Planning Review,1998,20 (1).

⑤ CECILIA T. Rural-urban Interactions:a Guide to the Literature [J].Environment and Urbanization,1998a,10 (1).

⑥ CECILIA T. Rural-urban Linkages and Pro-poor Agriculture Growth:an Overview [M]. Prepared for OECD DAC POVNET Agriculture and Pro-poor Growth Task Team,Helsinki Workshop,2004:17 - 18.

模式。肯尼斯·林奇（Kenneth Lynch）[①]提出了"城乡动力学（rural-urban dynamics)"的概念，并从资源分配角度揭示城乡联系的复杂性。

2.2.2 我国城乡统筹理论发展

养老保险的城乡统筹问题的研究，首先，必须明确"城"和"乡"的内涵与区分。"城"在《辞海》中的解释为行政地域，即人口的集聚地。通常来说，"城"和"市"一起应用，"市"为商业的概念，即商品交换的场所。我国《城市规划法》第三条规定："城市是指国家按行政建制设立的直辖市、市、镇。"城市的法律涵义，是指直辖市、建制市和建制镇。"乡"是相对于"城"而言的概念，是指除了城市以外的其他区域，因此，"城乡"一般是指城镇和乡村。

1）城乡统筹理论在我国的发展

国内学者在研究城乡发展时也先后提出了城乡协调、城乡一体化、城乡融合、乡村城市化、自下而上城市化等概念，这些概念的核心思想就是不再把城乡发展分割，而是让两者统筹、协调发展，建立新型城乡关系，逐步消除城乡二元结构。

我国城乡统筹发展的理论主要形成了两大类：一类是改革开放前"重工抑农"式的城乡统筹发展理论，另一类是改革开放后中国特色社会主义的城乡统筹发展理论。实际上这两个理论与马克思主义城乡统筹发展理论是一脉相承的，是马克思主义城乡统筹理论的继承、深化和发展，只是第一个理论在实践中偏离了城乡统筹发展应有的原意，对我国的城乡统筹发展产生了一些不良影响。

（1）"重工抑农"式的城乡统筹发展理论。

自1949年新中国成立以后，在马克思主义城乡统筹发展理论的基础上，在社会主义建设的实践中，逐步形成了我国改革开放前自己的一套城乡统筹发展理论体系。中国人口众多，城乡差距大，城乡发展之间存在诸多矛盾冲

---

① KENNETH LYNCH. Rural-urban Interaction in the Developing World ［M］. Routledge Perspective on Development，2005.

突,因此,毛泽东认为要兼顾城乡发展,紧密联系工人与农民、城市与乡村等。他认为统筹城乡发展,是确保国民经济快速、健康发展的根本。为此,他指出经济工作中实行城乡兼顾,在兼顾国家、集体、个人利益的同时处理好工业、农村与城市这一内部矛盾。由此可见,毛泽东主张统筹兼顾思想,目的是通过调动一切有利的、积极的因素,为建设中国特色的社会主义社会服务[①]。

该理论总体上对我国以城市为中心的工业化快速发展起到了促进作用,达到了为国家在城乡统筹发展的大战略上优先发展城市和工业提供理论支持和原始积累的目的。但是,该理论是以牺牲乡村经济和农业生产为代价,在一定程度上极大地阻碍了我国乡村和农业的发展,使乡村发展多年来一直落后于城市发展,以至于最终导致城市与乡村的分离与对立日益严重并不断强化。

(2)中国特色社会主义的城乡统筹发展理论。

20 世纪 80 年代,我国城市与乡村差距较大,不利于社会经济的全面、协调发展,为了使城市与乡村的经济都能得到进步,邓小平同志结合现实提出了体制改革。对城市与乡村之间关系的协调发展,邓小平认为应该加大农村改革的力度,因为城市的发展是建立在农村这一基础之上的,没有农村的支撑,城市就无法正常运行。社会主义经济体制改革首先要变革农村经济体制;其次,发展商品经济。十一届四中全会《决定》中指出:"自留地、自留畜、家庭副业和农村集市贸易,是社会主义经济的附属和补充。"[②]再次,市场经济条件下,必须重视、充分发挥市场的调节作用,废除传统的农产品统购统销制度;最后,改革不合理的户籍制度,为缩小城乡差距奠定基础。总体来说,20 世纪 80 年代,城乡关系理论始终坚持城市的建设发展离不开农村这一稳定的基础,该阶段,专家和学者对城市和乡村关系有更深刻的认识。

20 世纪 90 年代,专家和学者认为新中国成立初期由于生产力水平低下,发展工业是符合实际的,但随着生产力的快速发展,应该结合实际采取不同

---

① 毛泽东.毛泽东选集(第 5 卷)[M].北京:人民出版社,1991:427.
② 中共中央关于加快农业发展若干问题的决定[OL].1979-9.

的战略,使上层建筑适应生产力的发展。十四大报告中江泽民指出全党要认识到农业的重要性,把农业作为首要内容。在"十五"发展规划中他指出要使城乡经济良性互动。十六大报告中提出统筹城乡经济发展战略。这一战略目标是促进城市与乡村经济的共同发展,从而解决"三农"问题。江泽民认为:"没有农民的小康,就不可能有全国人民的小康,没有农业的现代化,就不可能有整个国民经济的现代化。"[①]这一战略目标是围绕国民经济的发展展开的,标志着城乡统筹思想的成熟,也标志着兼顾城乡转向统筹城乡发展。该阶段城乡关系理论思想形成的背景是社会主义现代化建设时期。这一理论思想融入了中国国情,对城市与乡村关系的处理发挥着重要作用。

21世纪初,专家学者和政府开始深入思考农业与工业关系的处理问题,提出"两个趋向"的重要论断,指在工业化初始阶段,农业支持工业、为工业提供积累是带有普遍性的趋向;但在工业化达到相当程度后,工业反哺农业,城市支持农村,实现工业与农业、城市与农村协调发展,也是带有普遍性的趋向。[②]指出了农业支持工业、工业反哺农业,从而实现城乡的统筹发展。坚持统筹城乡发展,在经济社会发展的基础上不断推陈出新,可以加强城乡联系,在更大范围内实现土地、劳动力、资金等生产要素的优化配置,有序转移农村剩余劳动力,实现以工促农、以城带乡,最终达到城乡共同繁荣。这一阶段,新思想、新理念的出现表明党对城乡关系的认识达到了一个新高度,为新时期正确处理我国城乡关系指明了方向。

2010年以后,随着城乡关系的发展,习近平全面系统地阐述了推进城乡发展一体化的指导思想和实施原则。把工农、城乡作为整体,在规划布局、要素配置、产业发展、公共服务、生态保护等方面进行统筹谋划、融合发展;逐步实现城乡居民基本权益平等化、城乡公共服务均等化、城乡居民收入均衡化、城乡要素配置合理化、城乡产业发展融合化;强调要高度重视农村工作,建立现代农业产业体系、延伸农业产业链,加强基层党建和政权建设、增强集体经

---

① 全面建设小康社会 开创中国特色社会主义事业新局面[OL].2002-11-8.
② 中共中央关于加强党的执政能力建设的决定[OL].2004-9.

济组织服务功能;继续推进新农村建设,与新型城镇化协调发展,形成双轮驱动。[①] 这一阶段,是对党和政府关于城乡统筹理论和政策思想的全面发展,也包含对实际工作中一些失误的纠偏,其中,所蕴含的城乡统筹发展理论具有重要的战略意义和政策指导意义。

2) 城乡统筹理论在我国的实践经验

我国历届中央领导集体结合我国国情,探索我国城市与乡村的协调发展道路,学者们也进行了许多相关的研究,在研究和实践中有经验也有教训,这些经验与教训对我国的现代化建设具有十分重要的现实意义。

(1) 以农业为基础确立我国城乡统筹发展的战略地位。

中国是农业大国,农业是国之根本,占有基础性地位,要认清农业的基础性战略地位,以此为基础制定推动农业发展的举措。唐欣、王震(2016)等利用层次分析方法对河北省 12 个县级区域的城乡统筹水平进行综合评价,提出要加大县域统筹城乡经济发展的力度,逐步将县域城乡经济差距缩小。同时注重发展现代农业,将农业生产率的提高作为主要目标,重视发挥县域农业产业的功能,重视其他二、三产业对第一产业对农业的推动作用,缩小城乡经济差距。邢中先、王建婷(2014)认为农业与工业的发展程度具有较大差距,近年来农业虽然取得了较快的发展,但农业的基础性地位还不牢固,主要表现在农业人均资源匮乏,基础设施还比较薄弱,农业生活的科技应用程度不够高[②]。

(2) 推进农村城镇化进程有助于城乡统筹发展。

要解决农业、农村、农民的问题,必须发展农村经济,建立两者之间的互动机制,充分发挥城市的带动作用。韦廷柒(2014)树立了十八大以来我国城乡统筹战略的思路,认为工业反哺农业是我国城乡统筹的重要路径,将农业生产纳入政府的公共财政支持中,是政府的责任,也是社会发展的必需。陈

---

① 健全城乡发展一体化体制机制 让广大农民共享改革发展成果[N].人民日报,2015-05-02
(001).

② 邢中先,王建婷.邓小平城乡互动发展理论对城乡一体化的启示[J].大众科技,2014(12):
179-181.

亮亮(2015)通过对马克思、恩格斯城乡发展理论的分析,提出要注重农村的经济建设,特别是加强农村的基础设施建设。同时也要提升农村公共服务,完善农村居民的社会保障制度达到增加农民收入,缩小城乡差距的目标。杨小萍(2015)提出应该从制度的角度破除城乡二元结构,建立统一的城乡体制是统筹城乡发展的关键,改善农村金融服务和教育事业,完善各项社会保障体系。

(3) 城乡统筹发展是一项长期进行的战略任务。

城市与乡村之间的对立并不是永久的,它属于历史范畴,未来城市与乡村的关系必会由对立走向融合,这是马克思主义城乡关系的理论主张。我国还处在社会主义初级阶段,这决定了我国城乡二元结构还会存在,也意味着实现城乡统筹发展还需要相当长的时间。张显龙(2014)认为实现城乡统筹要做到城乡就业、教育、住房、社会保障等协同发展在内的配套改革,最终实现全区域、全民覆盖的公共服务均等化制度体系的建立。然而,推进的方式和效果的保证比目标的确定更为艰难,是一个长期性的过程。崔杰(2014)提出在新的历史条件下,我国城乡关系的融合,既有世界现代化进程的一般性,也有中国的特殊性,因此需要结合城乡关系复杂多变的现实,不断大胆进行城乡统筹发展理论的创新,进一步实现对我国社会发展实践的指导,推进城镇化建设步伐,实现城乡协调健康发展。

(4) 城乡发展兼顾公平与效率。

新中国成立初期,各种要素在城市与乡村中的分布呈现出较大差异,这导致城乡社会分层。在生产力发展过程中,兼顾效率与公平,把城乡差距控制在合理的范围内,从而调动社会各阶级的积极性,促进城乡和谐发展。李和森(2004)从社会保障语义的角度对城乡统筹理论进行分析,提出养老保险的理论界定从未将农村与城市分而论之,因此城乡统筹理论是社会保障的核心内容;社会保障面前人人平等,社会保障制度必须面向社会全体成员来进行设计,兼顾城乡居民;同时一定要坚持城乡统筹,抓住时机建立健全农村社会保障体系,缩小城乡之间社会保障的差异,使社会保障支付逐步走向统一与协调。李奇(2015)通过对台湾地区城乡统筹发展的历程进行系统梳理,认为在兼顾公平平等原则的前提下,提高城市和农村的发展效率,是避免社会分化加剧、社会问题激化的有效前提。

我国的城乡关系问题在形成过程及解决对策措施方面是具有一定特殊性的,因此不能完全照搬西方相关理论来解决我国的现实问题,应该结合我国现有的统筹城乡发展理论和相关发展实践。

2.3　养老保险城乡统筹理论

养老保险城乡统筹是基于城乡统筹理论的进一步拓展,城乡统筹理论应用到养老保险领域解决养老保险的城乡统筹问题,结合养老保险的特色形成养老保险城乡统筹理论。

2.3.1　养老保险城乡统筹内涵的研究

对于城乡统筹养老保险的内涵,学术界主要有两种观点:一种观点认为城乡统筹养老保险就是"城乡统一",例如曹信邦(2006)提出城乡统筹养老保险包括养老保险城乡制度的统一、城乡养老保险自由流动以及城乡劳动力自由选择养老保险的经办机构等。岳宗福(2013)也提出,城乡统筹养老保险是指公民对养老保险制度自由选择的状态,即保持现有的城市和农村的养老保险制度,但是农村居民和城市居民能够自由选择参加养老保险的种类。另一种观点认为城乡统筹养老保险就是统一筹划城市和农村的养老保险制度,例如景天魁(2010)提出城乡统筹是指养老保险各级财政要统一筹划,即中央财政、市级财政等各级财政明确责任分担,做到制度上统一,但是保障水平有差异、保障层次多样化的城乡养老保险制度。褚福灵(2013)提出养老保险城乡统筹关键在于城乡之间养老保险制度的统一框架、有效衔接,而不仅仅是扩大覆盖面。由于城镇和农村的经济发展水平不完全相同,因此,养老保险制度的设计在统一的制度框架内,体现多层次的保障。林义、林熙(2013)提出养老保险城乡统筹要注重农村居民和城市居民的协调发展。邓大松、丁怡(2014)提出农村地区普遍缴费档次较低,地方政府应该给予农村社会养老保险适当财政补贴,使农民养老保险缴费档次与享受待遇得到提高,缩小城乡差距。林闽钢(2014)认为社会保障的城乡统筹不是城乡一致或者完全一样,是指在统一的制度内有差别的统筹。

国外学者对养老保险的设计对劳动力市场和要素自由流动的影响也做了相关的研究。例如,Andriett(2001)[1]、Alvaro Forteza(2008)[2]、Michael Pries[3] 和 J.Ignacio(2007)[4]等提出可以通过增加个人账户的替代率来提升养老保险的便捷性,同时,可以增加劳动力的流动性[5]。Peter Diamond(1993)通过对智利、美国等国家养老保险制度的研究,发现智利养老金私有化改革带来的收入再分配效应有所减弱[6]。然而,美国养老金私有化改革的结果恰恰相反[7]、[8],因此,总体而言,一个国家的养老保险制度的改革与国家的经济、人口结构、制度发展现状以及基本国情相关,不能一概而论[9]。

[1] Andriett,Vincenzo. Portability of Supplementary Pension Rights In the European Union [J]. International Social Security Review,2001.

[2] Alvaro Forteza. Portability of Pension Rights in an Increasingly Important Issue in the Caribbean[J]. The World Bank,SP Discussion Paper,No. 0825. 2008.

[3] Michael J.Pries. Social Security Reform and Intertemporal Smoothing [J]. Journal of Economic Dynamics & Control,2007(31):25 - 54.

[4] J. Ignacio Conde-Ruiz,Paola Profeta. The Redistributive Design of Social Security Systems [J]. The Economic Journal,April,2007(117): 686 - 712.

[5] Bureau of Labor Statistics. Employee Benefits in Medium and Large Private Establishments, 1997[R].1999.

[6] Peter Diamond. Privatization of Social Security:Lessons from Chile [R]. NBER Working Paper,October,1993,No. 4510.

[7] Lluch,C.,R. Williams. Consumer Demand Systems and Aggregate Consumption in the USA:An Application of the Extended Linear Expenditure System[J]. The Canadian Journal of Economics/Revue Canadienne d'Economique,1975,8(1):49 - 66.

[8] Oliver,E. From Portability to Acquisition and Preservation:The Challenge of Legislating in the Area of Supplementary Pensions[J]. Journal of Social Welfare and Family Law, 2009,31(2):173 - 183.

[9] Commission of the European Communites. Directive of the European Parliament and of the Council on Improving the Portability of Supplementary Pension Rights[Z]. Brussels,2005.

2.3.2　养老保险城乡统筹理论的发展和演进

1) 福利经济学与养老保险城乡统筹理论

从分析西方发达国家的养老保险发展和改革的历史可以发现,西方国家养老保险城乡统筹已经经历了初期阶段、中期阶段,已经进入到养老保险城乡统筹的稳定阶段。其发展水平比较高,基本完成了养老保险的城乡统筹。

西方国家关于养老保险的理论最早来源于亚当·斯密的思想,他认为"看不见的手"通过推动个体利益和社会福利的共同增长以实现提高社会整体福利水平。代表学者主要有 GustavSchmoller 和 Brentano,他们认为在保持资本主义制度的前提下,通过一系列社会保险缓解贫富差距和阶级矛盾,为西方社会最早建立社会保障制度提供了理论基础。

19 世纪末到 20 世纪初,这一时期垄断资本主义的发展使得当时的社会矛盾不断激化,阶级之间、城乡之间贫富差距过大。这一历史背景促使了社会福利经济的发展和研究。庇古在 1920 年认为构建养老保险制度可以提高全社会的总体福利水平。这一思想对西方社会保障制度的发展产生了深远的影响。

从此以后,西方的专家学者根据庇古的理论,不断地对旧福利经济学进行补充和修改,到了 20 世纪 50 年代形成了新福利经济学,主要代表人物是帕累托、萨缪尔森、希克斯以及卡尔多等。他们认为政府制定的社会保障政策应充分考虑效率与公平。1929—1933 年资本主义世界经济大危机的出现产生了以凯恩斯为代表的国家干预理论,主张政府应通过对社会福利的干预增加社会需求以保障充分就业,在这一背景下,普遍福利的思想逐渐发展起来。

20 世纪 70 年代以后,主张政府无为而治的"新自由主义"思潮开始兴起。公共选择学派的代表人物布坎南认为,政治家和政府官员是理性的"经济人",他们追求的自身最大政治利益不一定与公共利益相符,即政府不一定能纠正问题,常常是使之恶化。费里德曼也反对国家干预,他认为市场力量能自发调节经济均衡,提出采用负所得税保障低收入者生活水平。供给学派代表人物拉弗(Laffer)、费尔德斯(Martin Feldstein)等人主张社会保障制度私有化。

进入 20 世纪 90 年代以后,新自由主义所倡导的自由化造成了新的经济衰退和社会危机,由此出现了以吉登斯(Giddens)为代表的"中间路线"学派,其主张是将政府干预和市场调节结合起来。他们提出将政府以往单纯的社会福利政策转变为社会投资政策,保证适当水平的养老金,建立一种劳动者责任与权利相平衡的积极的社会福利政策。

2)政府责任与城乡统筹养老保险责任划分

养老保险作为准公共产品,应由政府主导进行城乡统筹,要明确政府在城乡统筹中的责任,具体如下:

责任之一:制度设计。养老保险制度城乡统筹的目标模式确定后,要落实于政策设计,政策由政府出台,包括参保人群、缴费主体、保障水平、监督管理等,并配套相关的保障措施,以实现制度上全国统一的养老保险,促进劳动力的自由流动。在国外,制度设计都是通过国家立法的形式来保障,例如英国的《济贫法》、美国的《社会保障法》、德国的《农民老年扶助法案》等。当然,我国也已颁布了《社会保险法》,在《社会保险法》的框架内,制定相关的统筹方案及配套措施,是政府的主要责任。

责任之二:财政保障。养老保险制度城乡统筹的基本前提是不降低现有的保障水平,因此,在制度改革的过程中,必定会产生转制成本,政府作为责任主体,要保障制度的顺利推进,必须要有充足的财力支持。尤其,养老保险制度的城乡统筹,提升了农民的保障水平。然而,从缴费的角度来看,农民的缴费能力是有限的,但是又要提升替代率,地方政府就必须给予相应的补贴,才能实现城乡一体的养老保险制度。

责任之三:监督管理。养老保险制度的责任和权利是对等的,只有达到缴费年限、退休年龄等条件,才能享受养老保险待遇。同时,国家应该监督养老保险基金运营商的运营和管理,防范养老保险基金会出现的各种风险,确保养老保险城乡统筹的有效、可持续推进。

责任之四:组织管理。由于我国地域广阔,人口总量较大,农村居民较多,但居住较分散。因此,在推进养老保险城乡统筹的工作中,地方政府要加大宣传,增强农村居民参保意识,加强经办机构的业务办理效率,有效率地推进养老保险城乡统筹政策落实。

养老保险的责任主体是政府,但是,随着市场经济的逐渐成熟、稳定,政府不应包揽一切,也无法全部包揽。在制度设计和监督管理上,政府应该负主要责任,但在基金的投资、运营等方面,可以适当地放权给市场。同时,在我国的养老保险体系中,应该发挥多支柱中各支柱的功能,减轻政府的责任,分担风险,同时也促进市场的发展。

另外,中央和地方政府的责任要明确,企业和个人的责任也要明确,只有明确了各方主体在养老保险城乡统筹中的作用、责任,制度的落实才能顺利推进。

3) 多支柱理论与城乡统筹养老保险

多支柱养老保险体系的实践与理论研究,根源于西方国家社会保险的结构性改革。

(1) 多支柱养老保险理论框架。

养老保障制度的模式分为几大类,归纳起来主要有三种:"三支柱"模式、"四支柱"模式、"五支柱"模式,政府、企业和个人共同作为这三种模式的责任主体,从而构成了多层次、多支柱的养老保障体系。较有代表性的是"三支柱"模式和"五支柱"模式。

"三支柱"模式最早是由世界银行 1994 年提出的,目的是为了应对全球老龄化,构建的多层次的养老保障体系。其中,第一支柱是以税收方式征缴的、国家统一管理的国民公共年金计划,同时也实现了收入的再分配;第二支柱是由个人缴费和管理的强制性的年金计划,体现为个人账户;第三支柱是非强制性的企业年金。"三支柱"模式的提出,进一步明确了养老保险制度多层次的保障体系。目前国际上多个国家养老保险统筹模式的成功实践,也证明了以上理论研究具有科学合理性。在各个成功完成多支柱养老保险改革的国家里,制度的顺利运行基本实现了制度构建的原始目标,同时具有良好的可持续性。建立多支柱养老保险体系,实现风险在国家、企业和个人之间的分散,强化企业和个人的责任,使得各支柱在整个体系中的功能互补,避免了单一的国家建立的基本养老保险模式由国家承担过多风险的弊端,从而减轻国家财政负担,有利于社会经济的发展。同时,为保证改革的顺利实施与持续发展,也需要良好的宏观经济环境和体系本身的微观基础。

在国际劳工组织提出了四支柱后,世界银行对"三支柱"模式进行了拓展,2005年底提出了养老保险的"五支柱"模式。"五支柱"的提出对养老保险制度的多层次进行了更为细致、明确、科学的划分,在"三支柱"模式的基础上,增加了"零支柱"和"第四支柱"。"零支柱"即非缴费型的国民年金,即由政府为所有公民提供的最低保障。"第四支柱"即市场化的、非强制性的商业保险或者家庭储蓄。

(2)多支柱养老保险模式构建。

Mohd Saidatulakmal,Ismail NA(2014)认为相对于货币支持和社会支持,家庭保障仍然是老年保护的重要来源[1]。但是,随着工业化的发展和农村人口向城市迁移,家庭养老慢慢失去了养老保障的重要性[2]。养老保险制度多层次理论的提出,强调了各方主体的责任分担、风险共担,同时,实现了养老保险制度的收入再分配功能,对权利与义务、公平与效率的关系进行了有效地调节。多支柱养老保险体系的构建相对于国家单一保障模式,更能够起到分散养老保险各个责任主体风险的作用,同时个人和用人单位的责任可以在整个体系中得到相应的强化,从而更好地发挥各支柱功能互补的作用,国家的财政负担能够得到适度减轻,使得社会经济的发展更有活力。与此同时,宏观经济环境与微观制度体系对养老保险城乡统筹改革的顺利发展具有重要意义。基于此,各国都在建立多层次的养老保险制度,以应对老龄化和高龄化,以及随之而来的养老金收支平衡问题。对我国而言,人口基数大,老龄人口相对数量多,然而,养老保险制度刚性的特点不容改变,因此,亟须建立一个完善的、可持续的养老保险制度来应对这些问题。"五支柱"模式的提

① Mohd,Saidatulakmal.Ismail,NA Perception and Preparation for Old Age:Case Studies in Kuala Lumpur[R]. Singapore and Manila,2014:199-206.

② Andrietti,V.,V. Hildebrand. Pension Portability and Labour Mobility in the United States. New Evidence from Sipp Data[R].SEDAP,2001.SEDAP Research Paper No.42.

出正好为我国养老保险制度城乡统筹提供了思路。"五支柱"养老保障模式相对于"三支柱"养老保障模式,更加注重对弱势群体和无稳定职业人员的基本养老保障。世界上许多国家和地区根据世界银行提出的"五支柱"模式,都展开了相应的探索和实践。比如美国在其原有的养老保障"三支柱"模式之外又增加了多个主体共同缴费和商业筹资方式的其他养老保障模式,最终形成了养老保险的"五支柱"模式,如表 2-3。

表 2-3　四大国际组织倡导的多支柱养老保障模式

国际组织	养老金类型	筹资模式	保障目标	责任主体	资金来源
世界银行五支柱模式	公共养老金	现收现付	最低生活保障	国家	政府
	个人缴费	基金积累	收入替代	个人	个人
	个人储蓄	基金积累	收入替代	个人	个人
	强制性私人养老金	基金积累	收入替代	企业	企业
	自愿性养老金	基金积累	收入替代	个人	个人
国际劳工组织四层次模式	公共养老金	现收现付	最低生活保障	国家	政府
	公共养老金	现收现付	再分配	国家	政府
	强制性私人养老金	基金积累	收入替代	企业	企业
	自愿性私人养老金	基金积累	收入替代	个人	个人
国际货币基金组织三级模式	强制性公共养老金	现收现付	扶贫	国家	政府
	自愿性公共养老金（或私人养老金）	现收现付（或积累）	再分配	国家（企业）	政府（企业）
	自愿性私人养老金	基金积累	收入替代	个人	个人
经济合作与发展组织三支柱模式	强制性公共养老金	现收现付	扶贫	国家	政府
	自愿性公共养老金（或私人养老金）	现收现付（或积累）	收入替代	国家（企业）	政府（企业）
	自愿性私人养老金	基金积累	收入替代	个人	个人

4) 我国养老保险城乡统筹理论的发展

新中国成立后,我国的社会保障制度经历了计划经济时代的"国家统包"的社会保险模式,后期的发展使得该理论模式不断受到挑战。随着改革开放的深化,养老保险制度有待进行改革和重新定位。1993 年 11 月十四届三中全会提出了建立多层次的社会保障体系,标志着养老保险开始从国家统包向国家、企业和个人相结合模式的发展,十五届五中全会提出了完善的社会保障制度关系到改革、发展、稳定的全局。2004 年 3 月全国人大则把"国家建立健全同经济发展水平相适应的社会保障制度"写入宪法,这些使社会保障制度在整个国民经济体系中的定位从原先作为一种补充配套措施向着确保国民经济健康稳定发展的战略地位转变。但是中国目前的社会保障体系,特别是养老保险制度仍然面临很多严峻的问题,其中统筹层次低是一个突出问题,党的十七大报告提出要提高社会保险统筹层次、十八大报告明确指出了要实现基础养老金全国统筹,实际上就是要克服较低的统筹层次所造成的养老保险制度运行效率低、抗风险力差、参保率低以及地区养老负担严重失衡等问题,这些都将影响我国今后养老保险制度健康持续的发展。

城乡统筹养老保险,就是对城镇和农村、职工和居民的养老保险制度从顶层设计,统一谋划、统一制度、系统设计,打破我国目前城乡二元的养老保险制度格局。养老保险的城乡统筹,打破了我国传统意义上对养老保险制度的"打补丁"式的完善,是对我国养老保险制度系统、全盘的设计与筹划,但又不是完全废除现有的制度,而是在现有的制度框架内,不降低现有标准,以最小的成本与最小的社会影响,实现养老保险制度的城乡统筹。

2.4 养老保险城乡统筹理论问题

对城乡统筹的研究从最初的单纯理论阐述到城乡统筹理论在各个领域中的应用,起初经历了较为缓慢的理论解构过程,之后才逐步加快相关理论应用的进程,理论是开展研究的基础。当前关于养老保险城乡统筹理论方面的研究不多,因此本书进一步拓展、丰富和完善养老保险制度在实现城乡统筹发展中所应遵循的理论基础,本书理论框架重点解决两方面的问题,一是养老保险城乡统筹主体的责任分担,二是养老保险城乡统筹的模式选择。

2.4.1　养老保险城乡统筹主体的责任分担

城镇企业职工养老保险制度与城乡居民养老保险制度在缴费责任主体上存在差异。依据 2011 年颁布的《国务院关于开展城镇居民社会养老保险试点的指导意见》,城镇居民社会养老保险的缴费来源于个人和政府。可见,在缴费责任的主体上,城乡居民养老保险制度缴费责任主体相同,城镇企业职工养老保险制度与城乡居民养老保险制度在缴费责任主体上存在差异。差异主要表现为国家主体的责任差异以及企业主体的责任差异。国家主体的责任差异表现为:在城镇企业职工养老保险制度中政府缴费的缺位以及城乡居民养老保险制度中政府缴费的合理定位;企业主体的责任差异主要表现为:由于劳动者和居民身份差异导致企业需要为城镇企业职工养老保险制度缴费。而实现养老保险的城乡统筹,不同主体之间的责任要重新划分,明确国家和企业等主体的地位和责任,对于实现养老保险城乡统筹具有重要意义和作用。

2.4.2　养老保险城乡统筹模式选择

养老保险统筹模式的选择需要综合考量理论依据和实践可行性,养老保险统筹模式的设计除了要分析公平理论、公共产品理论对于养老保险的要求,还要考虑不同模式之间的优缺点,结合当前国情设计合适的养老保险城乡统筹模式。本书分析通过将城镇职工养老保险和城镇居民养老保险两项制度并轨,现有"三支柱"的养老保险模式如何转化成未来适应中国国情,又能可持续发展,且符合责任分担机制中各责任主体该承担的责任? 现有模式该如何平稳过渡到目标模式? 养老保险城乡模式的选择在养老保险城乡统筹理论中是一个关键问题。

2.5　本章小结

根据以上分析,可得出以下结论:

（1）理论问题是什么？城乡统筹理论经过半个多世纪的发展已经逐渐成熟，而养老保险统筹理论的提出进一步丰富和拓展了城乡统筹理论在养老保险领域内的应用。养老保险统筹模式与路径的研究延伸了养老保险统筹理论，并在此基础上提出基于城乡统筹理论的养老保险模式及实施路径。

（2）理论价值有哪些？养老保险制度的城乡统筹不仅是养老保险制度的必然发展趋势，更是在学者们的相关研究中被得到证明，其中城乡统筹理论作为养老保险制度统筹的基本理论基础，在此基础上城乡统筹养老保险还得到了公共产品理论、政府责任理论和社会公平理论等的支持。

（3）国外的养老保险统筹也已经取得了不少的成果，能够从中总结出一般规律、推进途径、推行基础等经验，其中针对农村居民的养老保险制度推进和发展在城乡统筹中的作用至关重要，可以为我国的养老保险制度城乡统筹提供借鉴。

第 3 章　城乡统筹养老保险发展现状及问题分析

目前,随着我国养老保险体系的"双并轨",即城镇居民养老保险与新型农村居民养老保险的并轨,以及机关事业单位养老保险制度与城镇职工养老保险制度的并轨,形成了我国基本养老保险以人群来划分的两种保险:城镇职工养老保险和城乡居民养老保险。

3.1　城乡统筹养老保险发展阶段和条件

3.1.1　发展阶段

我国养老保险的发展首先要从城镇职工养老保险的发展说起。从 1986 年至今,城镇职工养老保险体制经历了一个循序渐进的制度转换时期,逐渐从最初的社会统筹的养老保险模式到现在的社会统筹与个人账户相结合的具有中国特色的养老保险模式。我国养老保险的社会统筹制度开始于 1991 年由国务院发布的《关于企业职工养老保险制度改革的决定》,该决定强调了我国的养老保险的发展模式问题,即实行社会统筹。但是随着社会经济的发展以及改革开放的进一步推进,我国逐渐改变原有的单一的社会统筹制度,逐渐过渡到社会统筹与个人账户相结合的养老保险制度,并且这一制度首先在 1995 年国务院发布的《关于深化企业职工养老保险制度改革的通知》提出,并且于 1997 年的《关于建立统一的企业职工基本养老保险制度的决定》中被确定下来。在 1990 年至今的 20 多年中,我国城镇养老保险制度中职工的参保人数稳步上升,参保比例逐渐由 1990 年的 36.2%增加到目前的 74.1%。

与此同时,我国农村的养老保险制度也经历了一个快速发展的历史时期。逐步从开始的探索起步到现在的农村养老保险的稳步发展,无论从养老金的提高还是农村养老服务水平提升,都有一个客观的提速效应,保障了农村老年生活的高质、健康和稳定。首先是 20 世纪 80 年代到 20 世纪末期,我国的农村养老保险制度经历了一个初步探索时期。农村养老保险金制度从 1982 年起在 11 个省市的 3 457 个生产队开始实施,到 1995 年领取养老保险金人数达到 59.8 万人。1995 年起,国务院出台一系列的法律文件鼓励经济发达地区的农村首先推行养老保险制度并逐渐向全国范围内扩展。但是,由于我国区域经济的发展不均衡问题以及农村居民的养老理念的落后等因素,我国的养老保险制度在 1998 年开始呈现下降趋势,所以,从 1998 年开始,我国的养老保险的参保人数不断下降且养老保险制度开始进入探索时期。1999 年,国务院颁布了《国务院批转整顿保险业工作小组保险业整顿与改革方案的通知》,认为我国实行全国范围内的养老保险制度的时机还未成熟,还需要进一步提高经济水平,逐步扭转社会公众的养老观念。到 2002 年以后,我国逐渐开始扭转了这种养老保险水平下降的局面,农村养老保险的参保人数又开始不断上升。2003 年,国务院发布了《关于认真做好当前农村养老保险工作的通知》,指出政府要进一步提高我国农村养老保险的保险待遇,并且进一步提出在经济比较发达的地方以及有条件的群体展开养老保险制度。2009 年由国务院颁布了《国务院关于开展新型农村社会养老保险试点的指导意见》,意见指出,我国要在 2009 年开始全面进行新型农村养老保险的试点工作,待时机成熟时再在全国范围内进行推广。

在覆盖 13 亿多人口的国家进行全国范围内的养老保险制度的推广以及实施,是一项伟大而又复杂的工程。在新型农村养老保险开始全面推广之际,我国的部分发达地区开始积极探索城乡养老保险统筹的实施模式。2011 年,国务院颁布《关于开展城镇居民社会养老保险试点的指导意见》,其中提出了在我国建立养老保险制度的意见。由于我国农村地区经济水平的不断发展以及新农村建设的顺利实施,我国农村居民的社会生活水平不断提高,在思想中也逐步注入了现代化的观念,同时对于未来有保障的生活也具有更高的需求,同时我国城乡二元结构的经济发展模式渐渐不能满足当前人民对于更高的物质生活文化的需求。再者,由于城乡居民养老保险制度在制度体系、缴费方式以及养老金的给付方式与城镇职工养老保险制度具有一定的共同点,所以建立养老保险城乡统筹制度逐渐在社会各界开始提出。在我国"十二五"规划以及党的十八大报告中,国家提出要加快我国养老保障制度的改革以及人民养老保险水平的不断提高,并且提出逐步推进我国养老保险城乡统筹的发展,不断加快我国社会养老保险的一体化建设。与此同时,我国部分经济水平发展比较成熟的地区已经开始了城乡养老保险水平的探索和实施。2009 年,北京率先改革养老保险制度,逐步由传统的二元结构的养老保险体系过渡到统一的城乡居民养老保险制度,并且在养老保险制度、基金管理办法以及缴费标准等方面实现了统一。同时成都在 2010 年以及宝鸡市在 2011 年也开始进入了城乡养老保险制度统一发展的时期,逐步在全市范围内实现了养老保险的一体化发展。

2012 年,人力资源和社会保障部发布《城乡养老保险制度衔接暂行办法(征求意见稿)》,其中提出要对我国的城镇职工养老保险、城乡居民养老保险以及新农保等各个制度之间的一体化建设予以落实,逐渐在全国范围内真正实现城乡养老保险的一体化,如表 3-1。

表 3-1　养老保险城乡统筹政策梳理

时间	政策依据	政策目标
2010-10-18	《中共中央关于制定国民经济和社会发展第十二个五年规划的建议》(33 条)	"十二五"期间要"实现基础养老金全国统筹"。
2010-10-28	《中华人民共和国社会保险法》(第 8 章第 64 条)	逐渐在全国范围内实现基本养老保险的统筹发展,并且其他社会保险的省级统筹。
2011-03-14	《国民经济和社会发展第十二个五年规划纲要》	不断完善城乡养老保险的全国统筹,实现不同养老保险之间的转移接续。

（续表）

时间	政策依据	政策目标
2012-06-14	《国务院关于批转社会保障"十二五"规划纲要的通知》	提出要进一步提高我国基本养老保险的统筹水平，并不断完善我国城镇职工养老保险金的缴纳及给付，逐步扩大全国范围内的老年人的生活保障。
2012-11-08	十八大报告《坚定不移沿着中国特色社会主义道路前进为全面建成小康社会而奋斗》	改革和完善企业和机关事业单位社会保险制度，整合城乡居民基本养老保险和基本医疗保险制度，逐步做实养老保险个人账户，实现基础养老金全国统筹。
2013-02-03	国务院批转发改委等部门《关于深化收入分配制度改革若干意见的通知》	全面落实城镇职工基本养老保险省级统筹，"十二五"期末实现基础养老金全国统筹。
2013-05-24	国务院转批发改委《关于2013年深化经济体制改革重点工作意见》	研究制定基础养老金全国统筹方案。
2013-11-13	十八届三中全会通过的《中共中央关于全面深化改革若干重大问题的决定》	建立更加公平可持续的社会保障制度。坚持社会统筹和个人账户相结合的基本养老保险制度，完善个人账户制度，实现基础养老金全国统筹。

3.1.2 环境条件

总而言之，由于我国养老保险的改革条件逐渐走向成熟，才出现了现在的城乡养老保险的统筹发展。我国养老保险的城乡统筹主要受益于以下条件：首先，继城镇职工养老保险在全国范围内建立起来之后，我国相继又建立了针对农村居民的新农保制度以及城镇未就业居民的城镇居民养老保险制度，这在制度上保证了养老保险制度城乡统筹的实施；其次，由于社会统筹和个人账户相结合的模式在各种养老保险制度中的实施,使得养老保险城乡统筹在基础上更具可行性;再次,无论是城镇职工养老保险,还是城乡居民养老保险,他们的责任人主体均包含了国家、集体和个人这三个角色,这种主体上的一致也保证了养老保险城乡统筹的实现;进而,由于我国的职工养老保险、城乡居民养老保险均实施了同样的养老金计发办法,保证了养老保险金给付环节的统一;最后,由于我国的三项养老保险均实行了财政兜底的形式,尽管最终的形式会有所不同,但是人民所承担的风险都大大降低,所以养老保障上也突显了国家财政的责任和地位。从这几个方面来看,我国要实行养老保险的城乡统筹是有条件可循的,尽管目前经济社会的发展还不平衡,但是,各个养老保险之间的差异呈现逐步缩小的趋势,这也符合我国社会养老保障制度设计的初衷,即逐渐由试点走向统一。由于我国各养老保险制度在缴费形式、制度模式以及养老金的计发办法的一致性,这也为我国养老保险的改革奠定了制度基础,减少了养老保险城乡统筹的障碍。

总之,我国的养老保险的发展与我国的经济发展阶段是休戚相关的。从宏观方面来说,我国的经济水平长期表现为"二元"经济结构并将长期存在,特别是在改革开放之后,我国提出了经济发展逐渐从沿海向内陆不断过渡的政策方针,改革出现的区域发展不平衡现象是难以避免的,但是随着十八届三中全会提出全面实行经济改革之后,我国的城乡经济之间的水平缩小。对于我国养老保险而言,同样呈现这样的特征。在改革开放初期,农村居民的养老以及城镇居民的养老在一段时间内没有受到重视。但是随着我国宏观经济的不断发展,养老保险的城乡分离局面必定得到扭转,目前我国城乡居民的养老问题逐渐受到重视,养老金水平以及养老服务水平逐步得到提升。这也预示着我国的养老保险的城乡统筹正在展开,我国传统的城乡养老保险的"二元"现象也将逐步消除。

目前,国内学者也开始逐渐对养老保险城乡统筹进行了进一步探索,由于受到持续人口老龄化、少子化等因素的影响,我国必须进一步加快城乡养老保险一体化的进程,进一步缩小城乡之间养老水平的巨大差异。在关于城乡养老保险协调研究方面,邓大松等(2011)认为完善我国农村养老保险制度的关键点在于如何将城乡养老保险制度进行整合,并且进一步指出我国目前应该加大政府的责任,逐渐提高财政支出在养老保障方面的比例,进一步提高我国农村居民的养老保障水平。周毕芬等(2012)从宏观对我国的城乡养老保险的体制以及基础理论进行了整理分析,并且从相关实践方面对养老保险的城乡统筹进行了深层次的分析。同时,也有相关学者对我国的城乡养老保险一体化的条件以及制度模式做出了分析与探讨,但是并没有给出养老保险城乡统筹的指标确定、模型构建以及可行性的预测。

纵观国内外学者的相关理论研究,制度环境与养老保险制度结构体系之间有着密不可分的关系。养老保险城乡分立和城乡统筹均与其所处阶段的特殊的经济发展水平以及历史文化特征密不可分,养老保险制度的发展必须和国家制度紧密结合,建设符合本国国情的养老保障制度,如图 3-1。

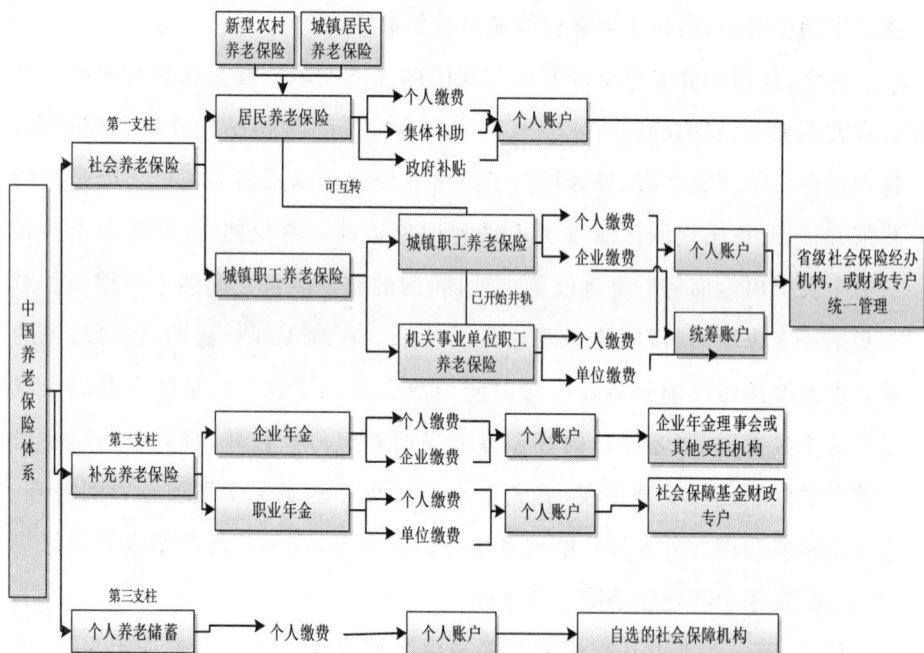

图 3-1 我国养老保险体系

3.2　城乡统筹养老保险制度现状

城镇社会养老保险制度和农村社会养老保险制度之间的差距伴随改革开放与城乡二元经济结构的不断强化正在不断扩大。目前,我国的城乡养老保险水平已经在诸多方面表现出很大的差距。诸如政府的财政支出、筹资水平以及资金的运营方式、养老保险的风险管理及其覆盖范围已经存在很大的制度差异,而且这些表现并不利于我国养老保险制度的长期发展。

3.2.1　政府财政责任

在我国的养老保险体制中,政府的财政责任对于养老保险的可持续发展具有相当重要的作用。但是在制度建立的前期,我国政府的财政主要向城镇职工养老保险倾斜,相对于此,农村养老保险缺乏资金的投入而一直裹足不前。由于城镇职工养老保险得到政府的财政支持,从 1998 年至今,中央财政给予全国城镇职工保险的计划资金将近 2 000 亿元,并且进入 2000 年之后,我国城镇养老保险制度快速发展,仅 2009 年,中央财政对城镇职工养老保险的投入就达到 1 326 亿元。但是,农村养老保险的发展却略显缓慢,我国农村养老保险于 2009 年才得以起步,即使目前国家开始重视农民的养老保障问题,但是我国广大农民的养老问题依然非常严峻,异地农民工的养老保险更是无法得到保障,这非常不利于我国未来的新农村建设以及城镇化建设,对于提高农民生活水平的目标也将收效甚微,所以加强政府的财政投入对于发展我国养老保障事业具有不可替代的作用。

3.2.2　基金筹资机制与运作模式

我国目前的城镇职工养老保险基金的缴费主体主要为国家、企业以及个人,并且实行了社会统筹与个人账户相结合的养老保险运营模式,企业缴纳职工个人工资的 20%,职工个人缴纳个人工资的 8%。其中企业的 20% 直接进入社会统筹账户,个人缴费的 8% 全部纳入个人账户之中。同时,如果出现社会养老保险基金缺口,主要由国家财政承担兜底责任。相对于城镇职工的养老保险,我国农村社会养老保险则实行个人账户制度,个人缴纳以及国家补贴部分直接进入个人账户,当农村居民到达一定年龄时方可领取个人账户中的养老金,但是国家对此不承担缴费责任。

3.2.3 基金的统筹层次

由于我国农村养老保险体系建立比较晚,发展还不成熟,其基金结余相对较少,相比于我国城镇职工社会养老保险基金的统筹层次还比较低,仍有一定的差距。鉴于农村养老保险的需求不断提高,我国于2008年开始在全国实行城镇职工养老保险省级统筹,省内开始建立养老保险风险调剂金,这样,我国就实现了养老保险基金的省内转移和调剂。这充分体现了养老保险的互济功能。并且,国家专门成立了全国社保基金理事会来负责养老金投资与运营,因此养老金保值增值使得城镇职工社会养老保险基金的统筹层次得到显著提高。然而,我国农村养老保险无论从保险功能还是从基金的统筹层次上都无法与城镇职工养老保险比拟,这在一定程度影响了保险基金的风险转移接续。同时,由于国家规定农村社会养老保险基金不能投资于股票或期货市场,只能存入四大银行或购买高利率的国债,使得我国养老保险基金的保值增值能力大大减弱,基金在运营中将会出现大量的贬值,这也不利于我国未来农村养老保险的可持续发展,如图3-2。

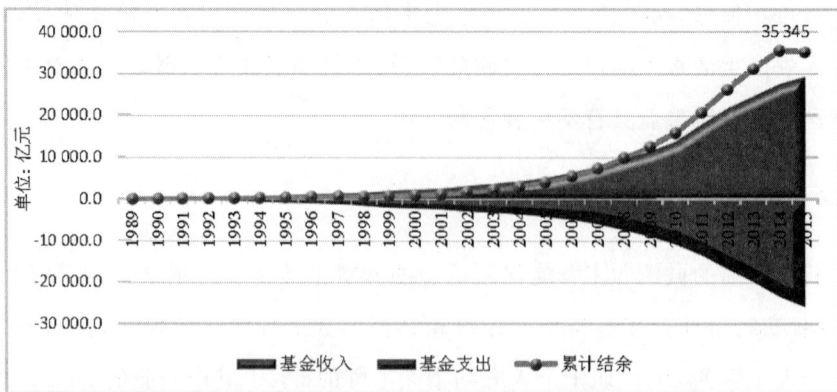

图3-2 1989—2015年我国基本养老保险基金收支结余情况

根据 1989 年到 2015 年我国基本养老保险基金收支结余情况图,通过比较我国养老保险的收支状况,可以发现,我国的养老保险基金从长期来看将会出现收不抵支的窘境,养老保险基金的全国统筹已经迫在眉睫。并且我国的养老保险收入在全国范围内极不平衡,2015 年,诸如上海、北京、浙江、广东、江苏、辽宁、山东、四川等各地区的基金收入占全国养老保险的总收入已经超过 50%,同时,除北京外,各地区的养老保险支出均已超过 1 000 亿元。从基金结余的规模来看,我国养老保险的基金结余也极不平衡,截至 2015 年末,贵州、天津、吉林等 15 个省份的结余均不到 500 亿元。相比广州及北京、浙江、山东、四川等地区已经具有相当的差距,如果不早日提高社会养老保险的统筹层次,我国未来的养老保险水平的提高将会受到很大的限制。

其实,在我国的养老保险制度建立之初就已经提出了要实行养老保险基金的省级统筹。但是由于我国幅员辽阔、人口众多,而且地区之间也会出现利益的分配问题,难免造成结余较多的地区对于统筹养老保险具有一定的非积极性,正是这种消极的态度造成了养老保险统筹的压力较大。目前为止,我国大部分地区依然停留在县级统筹,统筹层次依然较低。

3.2.4　保障水平与社会风险

2008 年全国企业退休职工的平均退休金达 1 036 元,绝大多数企业退休职工基本上可以维持退休前的生活水准。但是,与企业职工相比,我国大多数农村居民养老保险的水平依然比较低,养老保障的力度还有待提高。特别是随着老龄化的高速发展,高龄老人也迅速增加,农村的低龄老人赡养高龄老人的现象逐渐增多,而他们很难享受到国家的养老服务,一部分老人基本上依赖于子女的轮流照顾。根据叶敬忠等人所做的调查,由于我国呈现的区域经济发展不平衡现象,农村青壮劳动能力逐渐向城市转移,农村老人也只能依靠自己的劳动进而维持自身生计。从调查结果中显示,农村老人的储蓄率极低,仅占总收入的 8.8%,而且很少一部分比例的老人拥有养老金,仅占老年人比例的 2.2%,即使是当前仅有的养老金也难以维持其自身的生活支出。而养老服务的比重所占更是甚微,基本可以忽略不计。颜廷健等人认为,由于目前农村的生活成本逐年增高,目前的养老状况也难以满足我国农村老年人的需求。同时,加之各种家庭矛盾的存在,我国的老年人的生活状况依然不容乐观。根据有关统计,我国的农村老年人的自杀比例正在逐年上升,已经从 1995 年高于城市的 3.82 倍到 2000 年的高于城市的 4.08 倍。由此观之,我国必须加大关注农村老年人的健康问题,提高养老金以及提升目前的养老服务水平,同时也要提高农村老年人的医疗水平,从多方面对农村老年人的保障问题给予更多的关注,从根本上降低甚至消除农村老人的养老风险。

3.2.5　制度覆盖范围

我国的城镇职工养老保险已经有相当长的历史发展时期,无论从资金的投资运营还是从保障制度都达到相当完善的程度。全国老龄委员会于 2009 年发布《2009 年度中国老龄事业发展统计公报》,公报显示,我国城镇职工基本养老保险的参与人数到 2009 年已经达到 2.35 亿人。然而农村养老保险的发展状况却处于一个相当尴尬的境地。1992—1999 年,我国的农村养老保险曾经因为资金问题被一度中断,农村老年人的养老保障问题依然比较突出。尽管 2009 年我国恢复了农村养老保险的工作,开始推进新型农村养老保险的试点的工作。但是由于我国农村养老保险发展的时间较晚,资金结余较低,而且只是处于低水平的保障阶段,农村养老工作依然是任重而道远。

3.2.6　"三支柱"模式

一直以来,我国养老保障模式是由基本养老保险、企业年金和商业养老保险三种养老保险组成,被称为保险三支柱。而城镇职工养老保险较早推行了社会统筹和个人账户相结合的养老保险运行的模式。其中,职工本人缴纳月工资的 8%,计入个人账户,职工所在企业缴纳职工总工资的 20% 进入统筹账户。一些有条件的企业为职工建立了专门的企业年金,又进一步提高了职工的养老金替代率。社科院世界社会保障中心主任郑秉文指出,1997 年我国建立职工养老保险制度时,预期的平均替代率为 58.5%,以实现保障广大退休人员的晚年基本生活的目标。

在现行的城乡居民养老保险制度中,城乡居民养老保险基金由个人缴费、集体补贴和政府补贴三部分组成。国务院出台的意见中对城乡居民的缴费标准和政府补贴额度做了基本规定,可供城乡居民选择的有 12 个缴费档次,分别是每人每年 100 元、200 元、300 元、400 元、500 元、600 元、700 元、800元、900 元、1 000 元、1 500 元和 2 000 元。如果选择政府 500 元以下的补贴标准进行缴费,政府对参保居民的补贴是每年不低于 30 元,对于 500 元及以上的缴费档次,政府的补贴为每人每年不低于 60 元,当缴费满 15 年,参保居民可以开始按月领取养老金,养老金待遇的计算方式为个人账户总资金除以139 之后加上政府补贴的 70 元。

从我国传统的养老保险"三支柱"保障模式来看,企业职工养老保险具有相当的优势,因为企业职工可以享受到基本养老保险基金的补偿以及此外的企业年金的双重补偿,然而,城乡居民没有所属企业,缺乏企业年金支持,同时在缴费标准上要远远低于城镇职工,养老金待遇相对较低。通过测算,只有在城乡居民连续 40 年每年缴纳 1 500 元养老金,或连续 35 年以上每年缴纳 2 000 元养老金的情况下,个人每个月领取到的养老金,替代率水平才能够达到 58.5% 以上。总体来看,城镇职工的养老金替代率要高于城乡居民养老保险替代率。

3.3　特定群体养老保险发展现状

3.3.1　机关事业单位与城镇职工养老保险并轨

2015 年 5 月,国务院发布了《国务院办公厅关于印发机关事业单位职业年金办法的通知》,即关于职业年金的通知,提出大力发展补充养老保险制度。伴随着社会经济的不断发展,我国人民社会生活水平已经显著提高,人民已经无法满足当前的物质生活消费,当前的养老金水平也不能满足未来老年人的精神生活的需要,需要大力发展除基本养老金以外的补充养老金制度,即职业年金。职业年金由用人单位和个人共同承担,个人承担了缴费工资总额的 4%,企业承担了工资总额的 8%,同时缴费的总额由单位代扣。并且单位和个人的缴费基数与机关事业单位工作人员并轨,实行统一的缴费基数。我国养老保险缴费标准为单位缴费个人工资总额的 20%;个人缴纳的费用比例为个人工资的 8%,其中,本人缴费工资高于当地在岗职工平均工资3 倍的部分不纳入缴费基数,低于平均工资 60% 的以 60% 为基数缴费,即"300%封顶、60%托底"。个人缴费全部计入个人账户,统一计息。这与企业职工基本养老保险政策保持一致,以利于实现制度衔接。

3.3.2 新农村养老保险与城镇居民养老保险并轨

2014 年 4 月,国务院发布了《国务院关于建立统一的城乡居民基本养老保险制度的意见》,意见指出,根据党的十八大以及十八届三中全会的会议精神,要进行循序渐进的养老保险的改革,在不断总结以往新农保以及城居保的经验基础之上,根据《中华人民共和国社会保险法》的规定,大力推进我国城乡养老保险的一体化建设。努力促成将新农保和城乡居民养老保险进行并轨,并且逐渐建立全国范围内的城乡居民基本养老保险制度,在新农保和城居保并轨之后,逐渐实现我国城乡养老保险的一体化建设,并且在 2020 年之前实现城乡居民养老保险制度的公平和统一。不但在理论上、制度上建构城乡养老保险制度,同时要在实际的运行中将养老保险城乡统筹落到实处,不断和社会福利、社会救助等其他社会保障制度紧密结合,发挥我国家庭养老的优良传统,保证我国城乡居民的物质、精神生活的满足,提高老年人的健康水平,满足老年人对不断丰富的社会生活的需要。

随着我国城乡居民养老制度的不断完善,我国的城乡居民养老保险基金由多方进行承担,责任主体分别为政府、集体以及个人。政府要加大财政的支持力度,同时,个人也要加强缴纳养老保险费的责任意识,按规定缴纳养老保险费。我国缴费标准分为 12 个档次,政府要根据不同的缴费档次以及缴费标准对参保人群进行资金补助。对于选择最低档次缴费标准的人群,补贴标准最低为每人每年 30 元;对选择较高档次缴费标准的人群,适当增加补贴金额;对于选择 500 元及以上档次缴费标准的人群,补贴标准不低于每人每年 60 元,具体的缴费以及补助办法由当地政府根据具体情况具体实施,特别是针对高龄老年人或者是贫困老人,政府要加大补助力度,在缴费上降低这些弱势群体的缴费,甚至是减免保险费,剩余部分由政府代缴,加强政府的财政兜底责任。

2015 年 1 月,人力资源和社会保障部与财政部联合发布了《关于提高全国城乡居民基本养老保险基础养老金最低标准的通知》,《通知》明确规定,从 2015 年 7 月 1 日起,我国不断提高全国城乡居民基本养老保险的待遇水平,即在原每人每月 55 元的基础上增加 15 元。由于中西部地区经济发展水平不高,人民收入水平过低,所以,针对提高标准所需资金,中央财政对中西部地区进行了政策的倾斜、资金支持。此次增加的基础养老金金额,不得和各地自行提高的基础养老金相抵充。同时,各地人力资源和社会保障与财政部门要做好提高基础养老金标准的相关工作,尽快将提高后的养老金及时足额发放到位。要搞好政策宣传,正确引导社会舆论。同时,进一步健全参保缴费激励机制,引导和鼓励城乡居民选择更高档次缴费、长期持续缴费,增加个人账户积累,逐步提高养老保障水平。

3.4　城乡统筹养老保险发展存在问题分析

经过了多年的改革和发展,我国的养老保障制度不断地走向了成熟和完善,逐渐从一个缺乏系统性的养老保险制度走向了包括城镇职工、城乡居民、新农保并存的养老保险制度。其中,我国城镇职工养老保险取得了较快的发展:一是社会统筹和个人账户相结合的制度模式基本成型,逐渐从传统的完全依靠国家、单位包办的养老保险模式到今天的多个责任主体并存、风险分担、以社会统筹和个人账户相结合为基础的新型社会养老保险模式。二是职保在一定程度上得到了完善,在职保的改革过程中,逐步打破身份歧视。逐渐将国有经济、集体经济以及私营经济的职工共同纳入城镇职工养老保险体系之中,在一定程度上实现了制度的统一,这在当时的历史阶段具有非常大的历史意义。三是打破原有的单一的城镇职工养老保险模式,逐渐实现以职保为基础,大力发展企业补充保险的多元化的养老保险制度,提高了在职职工的养老保障水平。

我国曾经一度重视在职职工和城乡居民的养老保险发展,而农村社会养老保障一直是国家政策的空白,直到 2009 年,我国才开始将农村的养老保障问题提上工作日程,正式确立了新型农村养老保险的试点工作,并且随着经济水平的不断提高,农村养老保障制度逐渐步入正轨。首先,我国确立了以国家基础养老金制度为基础,个人账户相结合的制度模式,实现统账结合;其次是不断扩大农村社会养老保险制度的覆盖面,逐渐惠及广大农村居民。

尽管多年来,我国农村养老保障水平得到不断的发展,但是与城镇职工保险以及城镇居民养老保险具有很大的差距,距离实现我国城乡养老保险的统筹目标还比较远。

3.4.1 城乡制度分割,碎片化问题凸显

由于我国经济发展的背景比较特殊,在国有企业改革背景之下,我国养老保障制度也得到相应的改革和发展,并且和国企改革相适应。在国有企业改革的过程中,必定有一定的人群由于改革所致,使社会保障制度难以覆盖,各地只能在原有制度的基础上根据改革的基本情况制定一些新的制度,随着这些条块分割的制度增多,逐渐形成了今天所说的"碎片化"的养老保险制度。我国养老保障制度纷繁复杂,种类多样,不仅有城镇职工基本养老保险制度、机关事业单位养老金制度,各地还有农民工养老保险、农村养老保险、计划生育夫妇养老保险、被征地农民养老保险以及老年津贴制度、农村五保制度等;同时新形势下由于外迁人群体的不断增多,我国逐步出现了农民工和被征地农民的养老保险制度,并且与其他城镇职工以及新农保并行存在。但是由于我国的养老保险种类纷繁复杂,这也在一定程度上造成了制度上的难以统一,管理的分散,资金的保值增值的压力增大,这对于我国养老保障城乡统筹,最终实现城乡养老保险的一体化建设极为不利,如表 3-2。

表3-2 碎片化的养老保险体系

区域	参保人群	保险种类	问题	趋势
城镇	企业职工	基于"统筹账户+个人账户"的城镇职工基本养老保险制度（职保，1997）	（1）二元化。城乡在筹资方式、缴费标准、待遇水平存在较大差异；参保人员无法在制度间自由流动。（2）碎片化。不同群体的养老保险制度种类繁多，"碎片化"特征明显。	（1）城乡接轨、制度整合。2014年2月，《国务院关于建立统一的城乡居民基本养老保险制度的意见》（国发〔2014〕8号）和《城乡养老保险制度衔接暂行办法》（人社部发〔2014〕17号）出台，将新农保与城居保合并为城乡居民养老保险（简称：城乡保），试图建立城乡保与职保之间的制度接口，以破解养老保险"双轨制"，解决养老保险"碎片化"问题，实现城乡养老保险制度整合。（2）机关事业与职工养老金"并轨"。2015年1月14日，国务院以国发〔2015〕2号发布《关于机关事业单位工作人员养老保险制度改革的决定》，标志着机关事业单位养老金"并轨"进入实质性启动阶段。
	机关事业单位人员	无专门的养老保险（国家养老）		
	城镇非从业群体	城镇居民社会养老保险（城居保，2012）		
农村	农村居民（留守）	个人储蓄型的农村社会养老保险（老农保，1986）新型农村社会养老保险制度（新农保，2009）		
	农民工群体	新型农村社会养老保险（新农保）城镇职工基本养老保险（职保）专门针对农民工群体的综合养老保险（综保）		

3.4.2 缺乏顶层设计，实际覆盖面不高

长期以来，我国的养老保险的改革和发展更加注重城市在职人群，对于

在职人群给予了更高的保障,但是对于城镇的非就业人员,他们长时间被国家制度忽视,无法享受和在职人群相对等的养老保障,从长远看,不利于我国养老保障的发展。为了城乡经济的发展以及社会的稳定,各地地方政府不断建立了各种针对特殊群体的社会养老保障制度,但是,由于缺乏统一的规划和严格的顶层设计,社会养老保障制度呈现"碎片化"发展。并且仍存在很大的制度漏洞。具体来说,在城镇,超过30%的老年人口未被纳入社会养老保险的范围,其中,有超过25%的具有劳动能力的人群未被纳入城镇养老保险体系之中;同时,在农村,养老保障的问题更加突出,其中有超过90%的农村居民尚未享受到我国的养老服务以及养老保险补助,接受养老保险补助的农民仅仅能维持最基本的生活水平,对于更高质量生活的需求还无法得到满足。所以政府必须尽快考虑城乡养老保险的整合问题,实现养老保障制度的一体化发展。这种一体化发展不仅要考虑已覆盖人群养老保障制度统一问题,还要统筹考虑农村居民、城镇非正规就业群体等未被制度覆盖人群养老保障需求,如表3-3。

表 3 - 3 职保参保人数

年份	参加养老保险人数(万人)	在职职工参加养老保险人数(万人)	企业在职职工参加养老保险人数(万人)	离退休人员参加养老保险人数(万人)	企业离退休人员参加养老保险人数(万人)
2014	34 124.4	25 531	23 932.3	8 593.4	8 013.6
2013	32 218.4	24 177.3	22 564.7	8 041	7 484.8
2012	30 426.8	22 981.1	21 360.9	7 445.7	6 910.9
2011	28 391.3	21 565	19 970	6 826.2	6 314
2010	25 707.3	19 402.3	17 822.7	6 305	5 811.6
2009	23 549.9	17 743	16 219	5 806.9	5 348
2008	21 891.1	16 587.5	15 083.4	5 303.6	4 868
2007	20 136.9	15 183.2	13 690.6	4 953.7	4 544
2006	18 766.3	14 130.9	12 618	4 635.4	4 238.6
2005	17 487.9	13 120.4	11 710.6	4 367.5	4 005.2

3.4.3　制度成本较高,可持续性不强

鉴于我国特殊的社会经济制度,伴随着改革开放以来社会经济的不断改革,加之我国社会养老保险的起步较晚,而且缺乏一个完善的顶层设计制度,以至于我国社会养老保险制度出现了"头痛医头,脚痛医脚"的现象,呈现碎片化发展。分散的养老保险制度加剧了制度的运行成本。比如我国主要的基本养老保险由城镇职工养老保险、城镇居民养老保险以及新型农村养老保险构成,并且这些保险所保障的人群也不相同,对于公民来说,具有制度上的不公平性。不仅如此,由于碎片化的养老保障制度持续存在,我国不同职业背景、不同身份的老年人享受不到同等待遇的保障水平,更不利于养老资源的合理配置,限制了养老风险的自由转移。由于经济发达地区的养老保障建立时间较长,无论是制度的完善程度还是资金的运行效率都具有极大的优势,但是对于经济水平比较弱的地区,他们的老年保障水平较低,资金不足而又得不到富裕地区的资金转移。如果建立统一的养老保险制度,老龄化程度不同、经济发展水平不同的地区能够共同分摊老年化成本,降低某一地区的养老风险。但是由于我国长时间城乡养老保险的分割,致使企业负担不断加重,在一定程度上影响了企业的竞争力,不利于企业的不断发展,同时,将导致养老保险进入门槛的不断提高,不利于扩大制度的覆盖面,从长远来看,我国社会养老保障制度的可持续性受到极大的制约。

再者,由于我国不同的养老保险项目分属于不同的部门,这又造成了多头管理,资金分散的局面。同时由于部门之间的分割以及部门利益的固化等问题,造成了各部门之间的沟通成为障碍,同时也加剧了整个养老保险的低效率运营,同时也大大增加了养老保障制度的运行成本。

3.4.4　"新农保"缴费档次普遍低,保障水平有限

随着我国社会经济的发展以及人民消费水平的提高,养老保障不能仅仅满足于覆盖面的问题,而应该追求保障水平的高低。由于我国长期忽视农村养老保障的发展,以致城乡居民养老保障差距不断拉大,导致农村老人的养

老保障水平过低,而且农村养老金水平难以满足农村老人的日常消费支出,甚至不能保证最低生活标准。如 2008 年农村居民人均养老金水平为 892.52 元,而同年农村绝对贫困线为 1 196 元。

2016 年,人力资源和社会保障部公布了《2016 年人力资源社会保障快报数据》,明确指出我国城乡养老保险的参保人数逐年增加,已经达到了 5 亿人,同时期的城镇职工养老保险的参保人数为 3 亿人。尽管城乡养老保险的参保人数远远高于城镇职工养老保险的参保人数,但是,从基金的收支状况来看,城乡居民的养老保险的资金筹资较少,相对应的所享受的养老保险待遇也远低于城镇职工养老保险参保人群。

快报同样指出,截至 2015 年,我国城镇职工基本养老保险期末参保人数已经达到 32 212 万人,同时,基金收入也达到了 22 483.6 亿元,而我国的养老保险基金支出为 18 416.7 亿元。我国城乡居民社会养老保险期末参保人数远低于同一时期的城镇职工养老保险。通过初步的统计可以发现,我国的城乡居民养老保险基金无论是收入水平还是支出水平都不足城镇职工的十分之一。

这样的缴费水平无论是从绝对值还是从相对值来说都远远低于城镇职工养老保险,从我国养老保险的缴费水平来说,我国 2015 年城乡居民养老保险的缴费水平仅为 169 元,而同年的城镇职工的养老保险的缴费已经达到 7 200元,这种极低的缴费水平也预示着未来补偿水平的不足。

从目前人社部的统计发现,我国 2015 年的城乡居民月人均养老保险金只有 81 元,这样的保险金标准相对于目前居民消费水平明显不足,甚至还不够维持城乡居民的日常消费水平,无法从根本上解决老年贫困的问题,致使多数的老年人无法享受有充分保障的老年生活,甚至要为了生计问题继续工作,同时,由于他们工作层次不高,对于晚年的健康也多有不利,更加剧了社会的成本。

由于农村居民的养老保障水平长期不高,保障水平较低,导致农村老年人的生活仍无法得到有效保障,所以,再分配性质的社会保障问题仍然不能弥补城乡的巨大差距问题。

3.4.5　转移接续衔接不畅，阻碍劳动力流动

我国社会养老保险的"碎片化"不仅表现在养老保障制度子项目的纷繁复杂的层面上，同时表现于地区之间、城乡之间、各种险种之间的转移接续受到阻碍。由于我国各地区各行业之间的劳动力流动比较广泛，经常出现劳动力的转移，从理论上说要适当转变养老保险的关系，但是，我国目前的养老保险关系的转移还比较困难，目前只存在统筹地区之间职保以及职保和机关事业单位之间的转移机制，而对于城乡居民养老保险的转移问题尚未得到解决。职保和城乡居保之间尚未建立转移接续的机制，导致劳动力的自由流动受到阻碍，并且不利于劳动力市场公平、有序发展。

地方政府出台的被征地农民、农民工等养老保险政策，地区特色十分鲜明，不同的地区政策不尽相同。由于我国城乡之间的经济水平高低不同，劳动力在区域之间的流动成为我国独有的常态，在劳动力的自由流动过程中，养老金地域之间的转移接续不能得到保证。以农民工为例，如果上海的农民和北京的农民相互转移，那么他们只能参加与本地区不同的养老保险，这就增加了养老保险关系的转移接续的难度，严重阻碍了劳动力自由流通。

3.5　国内典型省市城乡统筹养老保险发展具体实践

3.5.1　上海模式：渐进式整合

在建立起上海市城乡一体化养老保险体系之前，养老保障体系主要包括城镇职工养老保险（城保）、农村居民养老保险（农保）、小城镇社会保险（镇保）和外来人员综合保险（综保）。在上海养老保险制度的城乡一体化建设完成之后，形成了"城保"与"农保"既可以独立、又能够转换的"镇保模式"，如图 3-3 所示。

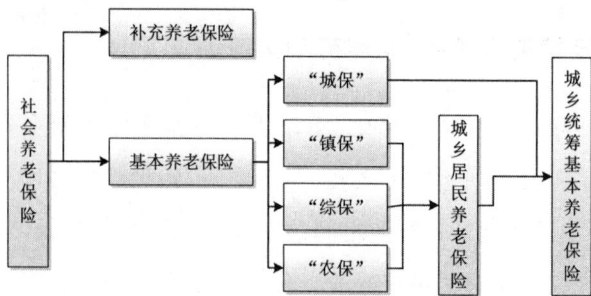

图 3-3 上海城乡一体化"一城四制"的养老保险制度

2009 年 6 月,上海市人保局发布了《关于外来从业人员参加本市城镇职工基本养老保险若干问题的通知》[沪人社养发(2009)22 号],规定从同年 7 月 1 日开始,外省城镇户籍并同属于上海市城镇职工养老保险范围之内的用人单位签订劳动合同的 45 周岁以下的人员,应该参加上海市城镇职工养老保险。但这一规定由于法律层次较低,法律效力不足,用人单位并未严格遵守此项规定。2011 年 7 月《社会保险法》开始正式实施,上海市外来人员综合保险和城镇职工社会保险开始实现并轨。

2011 年 6 月 28 日,上海市政府就"综保"向"城保"并轨的相关细则这一制度归并举办新闻发布会,在此之后又陆续发布了多个规范性文件,不但对养老保险的制度归并做出规范,也对医疗保险制度的并轨进行规划,将外来从业人员综合保险转社会保险的具体标准以政策文件的形式加以明确,也明确了"综保"与"城保"并轨的五年过渡期、缴费标准和企业操作流程等事项。其中,沪府发[2011]26 号文着重明确了外来从业人员参加本市城镇职工基本养老保险的若干问题。

上海的"综保"向"城保"并轨,具体表现为其他省市到上海的从业人员所享受的原综合保险制度,与上海城镇户籍人口所享受的社会保险制度相互归并。2011 年 7 月起外省市城镇户籍人员的"综保"与"城保"直接合并,外省市农业户籍从业人员的"综保"也将在五年过渡期后逐步达到上海"城保"标准。"综保"与"城保"并轨之后,最重要、最直观的变化是参保单位缴费比例大幅提高,同时强调个人缴费责任,参保个人由原来的无须缴费转变为承担较大比例的缴费责任(见表 3 - 4、表 3 - 5)。

表 3 - 4　"综保"与"城保"并轨之前的缴费情况

险种	城保(上海城镇户籍人员)	综保(外省市城镇户籍 与农村户籍人员)
企业缴纳	37%	12.5%
个人缴纳	11%	0
缴纳基数	[社会平均工资的 60%~ 社会平均工资的 300%]	社会平均工资的 60%

表 3 - 5　"综保"与"城保"并轨之后的缴费情况

险种分类	城保(外省市城镇户籍人员)		城保(外省市农村户籍人员)	
	企业	个人	企业	个人
缴费比例之和	37%	11%	28.5%	9%
养老保险	22%	8%	22%	8%
医疗保险	12%	2%	6%	1%
失业保险	2%	1%	0	0
工伤保险	0.5%	0	0.5%	0
生育保险	0.5%	0	0	0
缴费基数	社会平均工资的 60%~ 社会平均工资的 300%		社会平均工资的 60%~社会平均 工资的 300%(2015 年以后)	

3.5.2　北京模式:"职保"+"居保"

2008 年,北京在出台城乡居民养老保险政策之前,就利用"职工"和"居民"的身份定位打破了城市与农村的差距,"职工"为工作人员,"居民"为失业人员。在城乡居民养老保障制度建立之后,城镇职工、机关事业单位工作人员之外的城乡居民都被纳入城乡居民养老保险制度之中,实现了一体化的城乡养老保障制度。北京市于 2009 年 2 月,发布了《北京市城乡居民养老保险办法实施细则》,表明北京市实现了全覆盖的养老保障。

个人账户与基本养老金相结合是北京城乡居民养老保险制度的主要模式特点,采取个人缴费、集体补助与政府补贴相结合的缴费方式。在缴费标准方面根据参保居民的个人经济承受能力划分了缴费上限和下限。其中最高缴费水平按照城镇居民人均可支配收入为基数,缴费率为30%;农村居民前一年度的纯收入水平作为最低缴费水平的基数,缴费率为9%。针对不同年龄段的人群分别采取不同的养老待遇补偿办法。当男性年满60周岁、女性居民年满55周岁,并且累计缴费时间达到15年时,就有资格按月领取养老金。当男性居民年满60周岁、女性居民达到55周岁,但缴费年限不足15年时,参保居民需要按年、不低于最低标准缴足养老保险费。如果在城乡居民养老保险制度实施之前,男性居民已经年满45周岁,女性居民年满40周岁,若每年参保居民能按照规定缴纳养老保险费,则当其达到规定年龄时,也能够按月领取养老金。针对外地迁入北京市户籍的城乡居民,也制定了相应办法。基础养老金和个人账户养老金共同组成了北京市城乡居民养老保险金。基础养老金来源为区(县)财政预算,由政府统一发放,发放标准为每人每月280元。个人账户养老金采取分段计算的方法,根据参保时间的阶段不同,参保者个人账户的发放标准各异。

近年来,北京的养老保险已经取得了长足的进展,2009年,北京已经率先在全国完成了养老保险制度全覆盖的目标,截至2009年8月,北京市参加城乡养老保险的居民已经达到了142.8万人,其中,农民的参保比例已经占据相当高的地位,达到了90%,参保人数为138.1万人。不仅从人数上,北京市已经基本实现了全覆盖,从管理水平上,北京市政府已经建立了一系列的养老保险管理体系,无论从宏观制度上,还是从中观的资金运营、会计核算办法以及基金管理的财务制度,或者到微观层面的针对老年人领取养老金的服务水平以及助老、慰老、老年人健康服务等都已经具备了成熟的运行机制。同时,北京市养老保险的最为重要的特征就是公平、普惠,将社会养老保险覆盖到所有的人群,并且不断提高人民的保险水平,这对于全国养老保险体系的建设都具有良好的经验借鉴。

2008年北京市根据《北京市新型农村社会养老保险试行办法》改变以个

人缴费为主的缴费模式为个人缴费和政府补贴相结合的缴费模式,从而调动了农民参保积极性,减轻了其参保的经济压力。并且,为了进一步保证老年人的晚年生活,北京市实行了福利养老金制度,通过政府财政出资的办法,有效地减轻了北京市市民的生活压力,保证了老年人的生活。

3.5.3　苏州模式:"换""转""纳"

2003 年以来苏州农村养老保险向城市养老保险统筹的过渡为其进行养老保险城乡一体化奠定了良好基础。在城乡一体化过程中,苏州采取进一步放开人群,"农保"与"城保"的自由转换。在此过程中,苏州农村社会保障向城镇社会保障转换的水平和层次不断得到提高,同时转换成本不断缩小,农村居民通过自己的宅基地以及土地来置换城镇社会保险的办法不断成熟,这在一定程度上提高了养老保障相互转换的可行性。同时,苏州的养老保障服务方式的改革方面仍有创新,正在向真正的养老保险城乡统筹努力。

整体来看,苏州的养老保险城乡统筹主要分为三个方面。

首先是完善"土保"制度,实现土地与"城保"之间的相互转换;同时,提高"农保"向"城保"转换的可行性以及力度。最后是完善企业管理制度,将进入城镇的各类企业的务工人员以及与之建立了雇佣关系的农民工尽快纳入城镇职工养老保险体系之中。

在建立健全"土保"制度,大力疏通"农保"向"城保"转换的渠道的过程之中,苏州不仅通过将被征地农民纳入城镇养老保险制度及其他社会保险制度中来继续完善被征地农民的养老保险,而且大力倡导农民通过转让自己土地的使用权以及宅基地来置换城市商品房,进而实现了农民的身份转变,最终由"农保"向"城保"的合理转变,对于实现城乡养老保险的一体化具有重要的作用。

在"农保"转"城保"方面,实施对象不仅是在城镇企业中工作已参加农保的农民群体并且包括了整个农村居民,这种扩大覆盖面的方式在推动制度衔接的过程中,实现了养老保险的城乡一体化。

在将苏州市参加各类企业的在职人员以及农村进城务工人员进行纳入

城镇职工养老保险的过程中,首先对进城务工的当地农民工养老保障关系转到城镇企业中去,通过城镇企业帮助缴纳,将其与城市企业职工一视同仁。

3.5.4 成都模式:一个制度,多个层次

成都市的养老保险建立之初就具有进行各种养老保险制度衔接的构想,并且,成都市以"低门槛、低水平"为养老保险的筹资原则,来进一步扩大城乡养老保险的覆盖面进而实现城乡养老保险体系化。其主要表现在以下几个方面:首先成都市创造了著名的"温江模式"以及"邛崃模式";其次在针对农民工、失地农民的养老保险设计之初就已经将其与城镇职工养老保险相融合,将农民工与城镇职工平等对待。最后通过建立农民工综合保险,实行一项保险六项待遇。这些措施都为进城农民工提供了物质与精神上的支持。

成都市构建的城乡社会养老保险体系不仅包括城镇居民而且包括农村居民,该制度采取了统账结合模式。该市与此同时为农村居民制定了不同于城镇居民的缴费标准,针对16～60岁的成都市市民,政府设计了五项养老保险的缴费方案,并且这些缴费以上年度的社会平均工资为参考标准,标准分别为平均工资的10%、20%、30%、40%以及50%,同时人民可以根据自己的收入水平而任意选取其中之一作为缴费标准。对于年满60周岁的参保者来说,他们的缴费标准与16～60岁群体的缴费标准相同,同样分为这五个档次,只是缴费的所占比例有所不同,60岁以上人群的缴费比例为12%,可以一次性缴足15年。同时,对于新农保的试点地区,老人享受的养老金与子女的缴费挂钩,如果一个老人的子女已经交了足额的养老费用,该老人可以享受国家发放的基本养老金。针对城镇居民,他们的缴费水平以及缴费档次与农村居民有所不同。16～60岁的城镇居民同样将养老保险划分为不同的缴费标准,并且本年度的缴费与上年度的在职职工的平均工资相挂钩,分别为上年度在职职工工资的40%以及50%,个人缴费比例占总费用的12%,可以按月或按年足额缴费。与年满16～60岁的城镇居民相同,年满60岁的城镇老人同样分为两个缴费标准,不过他们要一次性缴够15年的养老费方可享受政府发放的养老金,并且实行社会统筹和个人账户相结合的制度,分为基础养老

金和个人账户养老金。此外成都市政府规定城镇职工养老保险与城乡居民养老保险之间可以进行转移接续,并且通过 2009 年的《成都市城乡居民养老保险试行办法》将这一决定以制度的形式确定下来。

重庆市养老保险的改革呈现了循序渐进的模式,到 2009 年 7 月,重庆市开始在其辖区的 15 个区、县进行了城乡养老保险一体化的试点工作,并且取得了优异的成果,成功消除了农村的养老保险风险。从此之后,该地的养老保险覆盖面不断扩大,从 2010 年 11 月到 2011 年年末,重庆市从 30 个区县 770 万人参加城乡居民养老保险到 40 个区县 80% 的农民参与城乡养老保险。不但参保率有所上升,同时养老金的补助额度开始增加。并且城乡居民养老保险年满 60 周岁的参保者具有一定的托底保障:即其享受的最低养老金水平不低于 80 元。

3.5.5　浙江模式:"三保合一"＋"一体化"

一是奉化的"三保合一"模式。"三保合一"的模式即城居保、新农保以及农民工的养老保险相统一,这成为浙江省典型的养老保险一体化的发展模式之一,由此地方层面上率先实现了养老保险制度的城乡一体化。

二是嘉兴"城乡一体化"模式。该模式的特点是按年缴费。该模式的缴费基数分别为该市农村居民全年的纯收入、城镇居民可支配收入或者两者的平均数。农村居民可以按照个人情况及其意愿任选其一进行缴费,城镇居民的选择比较单一,必须选择后者进行缴费。如果投保用户由于特殊状况未交养老保险费,可以选择进入到下一年后进行补缴,并且仍然按照前一年的缴费标准进行缴费。对于年满 60 周岁的老年人,如果其缴费已经达到 15 年或者以上,政府应该按规定足额对其发放养老金,保证其享受有保障的晚年生活。

第三种模式是一次性缴清养老金的余姚模式;余姚模式结合了奉化"三保合一"与嘉兴"城乡一体化"模式的优点。权利与义务相结合的特点在浙江的新型农村养老保险制度设计中得到了充分体现,主要表现为个人账户的建立、个人缴费与政府兜底相结合。

3.6　本章小结

（1）通过对城乡统筹养老保险进程的相关政策和现状进行梳理分析，可以发现当前国家对城乡养老保险统筹持有积极推进的态度，但目前城乡养老保险统筹的现状中还存在着统筹层次有待提高、水平低、风险大、覆盖范围不足等问题，这些都阻碍了养老保险制度城乡统筹的发展进程。

（2）介绍并总结了上海、北京、苏州、成都、浙江等地基于城乡统筹理论的养老保险发展具体实践，也结合我国现有政策对机关事业单位与城镇职工、新型农村与城镇居民养老保险制度的并轨、衔接现况进行了介绍。

（3）分析了基于城乡统筹理论的养老保险发展存在的问题，包括现有制度过于碎片化、覆盖面不全、制度分割且保障水平不一、转移接续存在障碍等问题。

第 4 章 城乡统筹养老保险模式设计

建立城乡养老保险统筹制度,是我国推进社会保障制度改革的重要目标。在综合考虑城镇职工和城乡居民两大参保群体差异的基础上,通过将城镇职工养老保险和城镇居民养老保险两项制度并轨,将原本"三支柱"的养老保险模式转化为由国民年金、个人账户、统筹账户、企业年金和储蓄型养老保险构成的"新五支柱"养老保险统筹模式。将全国居民人均可支配收入作为"新五支柱"养老保险统筹模式的缴费基数,为了便于与国际通用标准相协调,将社会平均工资作为养老保险待遇替代率的核算基数。通过对国民年金、基本养老保险和企业年金各项制度缴费率的测算,保证全体国民养老金替代率不低于现有水平,并在此基础上利用精算等方法对实际参保主体可承受的最高缴费率进行测算,得出城乡养老统筹"新五支柱"模式的待遇替代率区间。使养老保险统筹模式中五个支柱的作用得到充分发挥,进而提出推进城乡社会养老保险统筹的路径。

4.1 统筹原则

4.1.1 责任分担

根据新公共管理理论,政府是公共服务的提供者,但并不是公共服务唯一的责任主体。尤其对于我国目前的养老保险制度来说,政府承担的是"无底线"的兜底责任,随着我国人口结构的不断老龄化,政府在养老保险责任无限扩大。公共事务的责任分担,不仅仅是扩大了社会责任的覆盖面,实质上是开发利用了高品质的社会资源,增加了公共产品的有效供给量。基于城乡统筹理论的养老保险中的政府、企业、个人的责任应该科学、合理地分担,发挥各责任主体的作用,从而使养老保险制度更可持续。

4.1.2 城与乡并重

养老保险是公共产品,作为为农村居民建立的农村养老保险更是如此。而且农村居民和城镇职工及城镇居民一样为国家做出了应有的贡献,因此他们有权并且应当享受农村社会养老保险。目前,社会养老保险城乡间出现的不公平现象对农民的社会生活产生了深远影响,"重城轻乡"的现状必须加以改变。相反,"重乡轻城"的做法也是不可取的,因此,在处理城乡间养老保险问题时要注重公平原则,做到城市和农村并重;在实施行动中,发挥政府的主导作用,综合考虑城市和农村;在财政支持上,要加大政府在农村养老保险制度建设上的基金投入。在农村养老保险制度建立和完善的各个方面都要做到城乡并重,最终实现城乡统筹。

4.1.3 公平与效益兼顾

建立城乡统筹的社会养老保险制度,既要保证老年人的基本生活,又必须适应我国农村社会经济发展的现状,因此,坚持公平和效益原则是十分必要的。学术界对公平有两种解释:一种是机会均等,另一种是结果均等。本书所指的公平是"机会均等",而非"结果均等",即使农村中生活困难的农村居民有机会、有能力参加农村社会养老保险,不至于陷入贫困的恶性循环。当然公平不等于平均,公平也不等于没有差别,相反,平均、没有差别反而是不公平的,趋向于平均、没有差别的不公平势必会导致激励机制的缺失,如此的公平也是不利于养老保险可持续发展的。所谓效益原则,就是用最少的支出让更大范围内的农村居民获得更好的养老保障。这就要求既要把基金用到需的地方,又要有效率的利用基金。与此同时,也要保证养老保险基金的保值增值,确定公平和效益相结合的原则,破除社会保险不盈利的观念,使养老保险基金能够良性循环,增加老年人的实际收入。

4.1.4　保障与发展相适应

统筹城乡社会养老保险制度一方面需要保障公民的基本生活水平,另一方面需与当时的社会经济发展相适应。《中华人民共和国宪法》中也明确规定,国家需建立健全同经济发展相适应的农村养老保险制度。由于我国面临着不同地区经济发展有较大差异的现实国情,因此在进行统筹过程时必须与当前的经济发展水平相适应,进一步完善基于城乡统筹理论的养老保险工作。

在此背景下,建立城乡统筹养老保险的第一阶段需坚持"低水平,广覆盖"的实施原则。目前,我国的公共财政对城乡居民基本养老保险制度的支持由两大部分构成,一是中央财政对参保居民普惠性的基础养老金待遇支付;二是地方财政对参保居民的缴费补贴。自上而下的公共财政支持为城乡居民基本养老保险制度顺利推进提供了有力保障(李琼、汪慧,2015)。我国对农村低保人均补助已经翻了几番,而针对农民的基础养老金补助标准却一直未变。在统一的城乡居民养老保险制度规定中有明确的指示:"中央确定基础养老金最低标准,并根据经济发展和物价变动等情况适时调整,地方人民政府可以根据实际情况适当提高"(彭颖、朱俊生,2015)。虽然我国经济近年来取得了较大的发展,但经济发展水平参差不齐,要使所有地区的养老保障水平相同是不可能的。社会保障水平要与当地经济发展水平相一致,经济发展水平低的地区,保障水平不可盲目求高;经济发展水平高的地区,在本地区经济承受范围内可适当提高社会保障水平。

社会养老保险制度的建设首先要体现保障的原则,使所有按规定参加保险的劳动者老有所养,老有所依。不断关注农民的保障需求,为切实保障农村劳动者在年老后丧失劳动能力的情况下的基本生活,其次要具有发展性,要让全体人民共享经济发展成果。随着我国的社会经济水平不断提升,社会平均消费水平也在不断提高,国家必须制定出科学合理的养老金计算办法,采取有力措施,根据物价指数的变动情况,不断调整养老金的给付水平,使那些退出工作领域的老年农民能够适当分享社会经济发展的成果。当然前面也提到社会养老保险水平与农村社会经济发展水平相互适应,因此,养老保障水平要寻求一个合适的"度"。目前，我国农村生产力水平比较低、人口老龄化形势严峻，在这种背景情况下，农村社会养老保险事业的近期发展目标，更多的应当是"雪中送炭"，即解决好众多农村老人的基本生活保障问题，而不应盲目追求保障项目的扩大和福利标准的提高。如果人为地把养老保险水平定的过高，将会制约农村经济发展的速度，甚至重蹈"福利国家"的覆辙，最后利益受损的还是人民大众。

4.1.5 因地制宜、分类推进

统筹城乡社会养老保险是一项复杂的系统工程，推进过程不可能一蹴而就，要循序渐进。首先，城乡社会养老保险由"相互分割"到"基本统一"，从量变到质变，不可操之过急。其次，应根据我国东中西地区差异，从东向西梯度、分层次推进，不可"一刀切"。最后，养老保险制度的保障水平应根据经济发展情况进行适度调整，特别是农村养老保险水平应调整的更快一些，使之逐步向城市的水平靠近。总之，要使各项制度在改革与发展中逐步完善起来，走上规范化、法制化的轨道。

我国农村地域广大，各地经济发展水平、养老保险制度及农民的保险意识等方面均存在着较大的差异。因此，在具体实践中应该把握全局。首先，在经济比较发达的地区，依法实行强制性社会养老保险，以保证其覆盖面的稳步扩大；其次，在经济条件一般的地区，采取诱导性方式，由政府宣传引导，鼓励人们积极参加社会养老保险；最后，在经济欠发达地区，从较富强的县、乡、村、户做起，逐个发展；最后，对于相对富裕地区的贫困农民，政府和集体经济组织要重点扶持，帮助其参加社会养老保险，而特殊贫困地区可暂缓实行。

同时，在分类推进的过程中，还应立足农村和农民的实际状况，采取灵活多样的社会养老保险形式。例如，对没有工作单位的农村居民实行普遍养老保险，即由个人直接向农村社会养老保险机构投保，其保险费主要是由保险对象或其亲属缴纳；对有工作单位的农村居民施行职业养老保险，即与某种职业有关的养老保险，如乡镇企业职工养老保险、村干部养老保险、民办教师养老保险等,其保险费由保险对象与有关单位按一定比例分担缴纳,或是完全由有关单位代替保险对象缴纳。

4.1.6　多方相互协调

建立和完善城乡社会养老保险制度需要坚持相互协调的原则,其基本含义包括以下三个方面:一是城乡间要相互协调。农村养老保险制度的建立与完善应适当借鉴城市养老保险已经较为完善的地方。二是城乡制度间需相互协调。如在资金收缴方面,要统筹兼顾农村和城市,要因地制宜制定不同的缴费档次,特别是使收入较低的人群能够支付得起保费。三是社会养老保险服务网络之间要相互协调。在网络信息技术发展的大背景下,要充分发挥社会养老保险服务网络的作用,为社会养老保险建设的需要,健全服务实体和设施,使两者协调一致,相辅相成。

4.2　内涵剖析

养老保险城乡统筹,是指在养老保险制度的设计和运行中,突破城乡二元结构的制度格局,从城乡补缺、整合、统筹、统一发展的角度出发,构建覆盖城乡全体居民统一的养老保险制度体系,以实现养老保险权利在城乡居民中的无差别化保护。本书认为城乡统筹养老保险的基本内涵主要包括以下几点:

4.2.1　覆盖人群

从覆盖面上来说,养老保险制度应覆盖城乡所有居民,城乡统筹要实现保障对象的统一。养老保险是公共物品,任何公民都有权而且应该享受养老保险权利,绝对不能因身份、地域而异。

4.2.2　缴费基数

缴费基数是核算养老保险参保人员及其所属单位缴费水平的基础,由于缴费率通常是比较固定的数值,因此缴费基数的多少就决定了参保人员及其所属单位缴费额度的高低,在一定程度上影响着参保人员的实际利益和社会稳定。当前随着养老保障制度的不断发展,实现城乡统筹是养老保障发展的必然趋势,现有的以社会工资作为养老保险缴费基数与替代率基数开始逐渐暴露出一系列问题,难以适应社会统筹背景下的养老保障制度发展。因此探讨合理科学的养老保险缴费率、替代率基数具有实际意义。

1）使用社会工资作为缴费基数存在的问题

当前企业和职工缴纳基本养老保险金的缴费基数一般为社会工资,目前已经有很多学者对缴费基数进行了相关讨论,其中不少学者主张将相关工资作为养老保险的缴费基数,穆怀中(1997)提出将劳动者个人工资作为缴费基数;刘贵平(1995)认为将城镇人均工资作为养老保险金的缴费基数比较合理;贾洪波(2005)主张将社会平均工资作为养老保险基金的缴费基数。

然而使用社会工资作为缴费基数存在以下几个问题:第一,劳动者的实际工资偏低,而且不同行业的劳动者工资之间存在较大的差距,不可能用单一的城镇职工工资或者个人工资作为养老金的缴费基数或者是养老金替代率的测算标准,否则会出现"一刀切"的情况,既不能体现"多劳多得"也不能够真正惠及大众;第二,社会平均工资往往虚高,而城镇人均工资没有反映出大众,特别是包括农村居民在内的全体社会成员真实的社会平均工资水平;第三,企业收入较低的职工难以承受愈来愈高的缴费压力,由于经济原因而中断缴费现象越来越普遍。

2）使用基本消费支出和劳动剩余作为缴费基数存在的问题

米红(2005)、孙博(2008)以物价指数调整后的老年人必要消费支出来测算替代率水平;赵俊康(2004)以劳动者的劳动剩余作为测算养老金替代率的标准。

使用基本消费支出和劳动力剩余作为养老金缴费基数或养老金替代率的测算标准是两种比较有创新性的思路,但是在城乡统筹的背景条件下,这两种方式也存在着一定的局限性:第一,个体之间的消费行为习惯差距较大,使用基本消费支出作为替代率测算标准可靠性不高;第二,劳动剩余的计算约束条件比较复杂,近些年来由于国家产业调整、战略转型,使得劳动市场处于一个比较活跃的阶段,用劳动剩余作为测算标准需要不断对其影响因素和条件进行调整和分析,长期的应用性不强。

3) 使用人均可支配收入作为缴费基数的理论依据

(1) 养老保险城乡统筹一元化理论要求。

养老保险城乡统筹是我国目前经济新常态下激发经济新活力,提高工业化水平的必由之路以及实现全社会福利普遍提高的根本途径。养老保险统筹是为了缩小城乡收入差距的有效途径,也是社会福利思想的实践。边沁(2012)曾经在《道德和立法原则概述》中提出"它按照看来势必增大或减小利益有关者的幸福倾向,亦即促进或妨碍此种幸福倾向,来赞成或非难任何一项行动"为功利原理。并认为判断一种行动或者政府措施是否符合功利思想的关键是看其是否可以能够增加全社会共同幸福作用是否大于个人幸福增加。边沁功利原理是功利主义社会福利函数理论的思想基础和理论源泉,边沁和穆勒为代表的功利社会主义福利函数将社会福利视为社会成员个人福利的总和,古典功利主义社会福利函数强调社会成员个体福利地位相同,未包含收入分配的价值判断。罗尔斯社会福利函数是将贫困阶层的福利水平作为社会福利目标函数,社会整体福利水平的提升在于贫困人口福利水平的提高。阿玛蒂亚·森(1973)利用平均收入与收入差距为核心来构建社会福利函数模型,指出通过提高公民的平均收入并且缩小公民之间的收入差距来提高社会整体福利水平。西方国家的社会福利思想的主要目标是降低社会非均等现象,我们国家设计城乡养老保险统筹是为了实现城乡养老保险的统一,是福利思想在我国养老领域内的具体体现。

养老保险统筹是通过统一模式或同一水平两条途径实现城乡养老保险的统一部署、统一筹划。包括城镇企业职工养老保险、机关事业单位养老保险和城乡居民养老保险。目前,机关事业单位养老保险与城镇企业职工养老保险制度已经实现并轨,城镇企业职工养老保险和机关事业单位养老保险可统一为城镇基本养老保险制度。城镇基本养老保险制度和城乡居民养老保险通过采用统账结合模式来实现制度模式的一致化。因此,城乡养老保险制度的水平差异是其分割的主要表现形式。在我国城乡二元经济差异的现实结构中,城乡养老保险的统筹需要结合城乡二元经济结构差异削减来实现。养老保险城乡统筹更高标准和更高层次的目标:实现城乡养老保险制度"量"的统一。这一目标的实现需要与二元经济消减规律相适应,需要经历一个相当长的过程。城乡养老保险一元化指养老保险"量"的一元化,养老保险是以缴费为核心要素,统一缴费水平是实现统筹城乡养老保险的最集中的体现。按照"量"的原则,统一缴费水平含有两个深层次的内涵:一是城市和乡村的养老保险都和城乡养老保险的适度缴费水平达成一致。二是统一城乡养老保险的缴费率具有内在的统一性。适度缴费率决定了我国养老保险的缴费水平,为了更高层次的城乡养老保险统筹,我们也要首先统一城乡养老保险缴费率。而且还要参考养老保险的最新动态缴费率和长期均衡的适度缴费率,才最终确定养老保险的缴费水平。养老保险缴费率的统一是为了实现各个群体养老保险缴费水平的统一,而养老保险统一缴费率是站在更高视角上进行养老保险制度顶层设计。

(2)以人均可支配收入为基数的适度缴费率是一元化的根本标准。

养老保险体系建设的基本要求是养老保险一元化,先后在2009年、2012年建立了新型农村养老保险制度、城镇居民养老保险制度。并在2014年对上述两项基本制度进行了合并。2014年又提出城乡居民和机关事业单位职工的养老保险进行合并。截至目前,我国的养老保险体系已经形成了由城镇职工养老保险和城乡居民养老保险两大制度的养老保险体系。从2009至今,我国已经形成了丰富的养老保险制度整合经验,但是也存在一定的问题:一是城乡居民养老保险制度如何定型。目前中央和地方财政共同分担着城乡居民基础养老保险,由于城乡居民收入水平不断提高,与此相适应的消费者的消费需求与日俱增,财政补贴是否应该保留其福利性质值得进一步研究,而且如果放弃福利补偿,改为养老保险模式,缴费水平的确定也是一个急需解决的问题。二是机关事业单位的缴费水平如何确定,20%的缴费率对于企业来说造成的压力过大,影响企业的生存和发展,企业的缴费水平需要进一步优化和完善。因此机关事业单位照搬企业的做法还需要进一步研究和探讨。

　　如何确定缴费"水平"是养老保险城乡统筹的关键所在,而以人均可支配收入为基础的城乡养老保险缴费率一元化,为养老保险城乡统筹提供了合理的标准和路径。在城乡基础养老保险缴费率一元化过程中,应该先考虑标准的选择。如果城乡养老保险缴费达到适度水平那么也就说明了其缴费是公平的。在城乡养老保险缴费适度水平较为接近的情况下,可在缴费适度水平基础上设定一元化缴费标准。

4.2.3　保障水平

　　从待遇上来说,统筹城乡养老保险制度首先应保证制度的"底线公平",即全面实施基础性的国民待遇。待遇的发放应至少起到两方面的作用:一方面,国家给予所有国民最低养老金待遇,保障其基本生活水平;另一方面,最低养老金待遇给付应考虑到群体间和区域间的横向公平和纵向公平,从有利于缩小养老保险发展差距的角度出发,以经济标准分区域、分类别的实行层次有序的待遇保障。城乡统筹的养老保险制度是待遇水平逐渐缩小并趋同的养老保险制度。因此,全面实施基础性的国民待遇是必要的,也是进一步完善城乡统筹养老保险的关键步骤之一。

4.2.4　管理体制

　　从管理体制上来说,城乡统筹的养老保险制度应实现管理体制上的统一、制度设计上的统一,具有城乡统筹的规划以及配套社会化的保障服务,养老保险关系能随参保人地域的转换实现便捷有效的转移接续。

4.3　"多支柱"统筹模式机理分析

4.3.1　替代—收入效应理论模型

　　"替代效应"和"收入效应"是引起消费变化的主要因素,如果价格降低了,消费者在新的选择点所取得的效用得到提高,对替代效应进行分析,必须剔除实际收入水平变化的影响,引入补偿预算线,补偿预算线是当商品价格发生变化,从而引起消费者实际收入水平变化的情况下,表示货币收入的增减情况,维持消费者实际收入水平不产生变化的一种分析工具。具体来看,在商品价格下降时,假设可以从消费者处拿走一部分货币收入,从而令提高的实际收入回落到原来的效用水平,如表 4-1 所示。

总效应 = 替代效应 + 收入效应,即

$$X_3 - X_1 = (X_2 - X_1) + (X_3 - X_2) \tag{4-1}$$

表 4-1 替代效应与收入效应示意图

商品类别 效应类别	所有商品		
	正常商品	低档商品	
		普通低档品	吉芬商品
替代效应	大于零		
收入效应	大于零	小于零	
替代效应与收入效应相比	替代效应>或≤收入效应	替代效应>收入效应	替代效应<收入效应
价格效应	大于零	大于零	小于零

斯拉茨基替代效应代数表达为:M 为消费者的货币收入,P_x、P_{x1} 分别表示 X 商品降价前后的价格,降价前需求量为:

$$X = X(P_x, M) \tag{4-2}$$

降价后的需求量为:

$$X_1 = X(P_{x1}, M) \tag{4-3}$$

商品价格下降导致的总效应为:

$$\triangle X_1 = X(P_{x1}, M) - X(P_x, M) \tag{4-4}$$

总效应 $\triangle X$ 由两部分组成,即替代效应 $\triangle X^s$ 和收入效应 $\triangle X^m$,即:

$$\triangle X = \triangle X^s + \triangle X^m \tag{4-5}$$

替代效应可以表示为:

$$\triangle X^s = X(P_{x1}, M1) - X(P_x, M) \tag{4-6}$$

收入效应则可以表示为:

$$\triangle X^m = X(P_{x1}, M) - X(P_{x1}, M1) \qquad (4-7)$$

总效应则为

$$\triangle X = X^s + X^m = X(P_{x1}, M) - X(P_x, M) \qquad (4-8)$$

对总效应分解的表述替代效应时,表达式中去掉价格变化,两边都除以价格变化$\triangle P$,得到下面公式:

$$\frac{\triangle X}{\triangle P} = \frac{\triangle X^s}{\triangle P} + \frac{\triangle X^m}{\triangle M} - \frac{\triangle M}{\triangle P} \qquad (4-9)$$

$\frac{\triangle X^s}{\triangle P}$代表替代效应,恒为负值,说明边际替代率呈现递减。从以上表达式可以看出,若 X 为正常商品,替代效应与收入效应均为负,总效应也为负,即价格降低,需求量增多,反之结论则相反;若 X 是低档商品,替代效应为负,收入效应为正,两种效应的相对强度决定其总效应的正负。吉芬商品的现实性:需要具备两个条件——很弱的替代效应和很强的收入效应。对于普通的低档商品,替代效应强于收入效应,价格变化的总效应为负,即在价格降低的同时需求量增多,反之结论则相反;对吉芬商品来说,收入效应强于替代效应,总效应为正,即价格提高,需求量也增多,反之结论则相反。

4.3.2　多支柱替代效应机理分析

当前实行的养老保险"三支柱"模式,其"一支柱"为城镇养老保险制度,与参保人工资基数挂钩,"二支柱"为个人储蓄城镇养老保险模式,目的在于预防养老,并且形式多样,"三支柱"主要是一种互济模式,主要包括盈利性质的商业养老保险。在诱导效应与参与效应的共同作用下,我国养老需求主要依靠养老保险的收入分配提供供给,城镇养老保险对其他两个支柱构成了"替代效应",未达到与制度设计之初的"三支柱"模式应有的作用。过多的依靠养老保险的收入分配会不断加重财政的负担。

增大养老保险的覆盖面目的在于利用养老保险的替代效应,把全体国民吸纳到国民收入分配体系中间,由政府根据个人贡献率等指标对其提供相应的养老保障。缩小城乡差距、地区间发展不均衡等阻碍因素,利用城镇基本养老保险的优惠特性,降低因人口老龄化而扩增的国民储蓄,使养老保险的替代效应得到发挥,扩大养老保险覆盖面,尽可能将符合条件的国民纳入养老保险体系中来,是解决养老保险社会统筹基金收支失衡、保障人民合法养老权益、延续劳动者社会贡献的延期支付的重要手段。城镇养老保险制度收入分配的替代效应,遵循大数法则,通过管理创新从而提高扩面管理的效率,有利于推进我国城乡养老保险制度的全国统筹。

替代效应表示处于职业活动期内的劳动者在城镇养老保险制度"一支柱"与"二支柱""三支柱"不同养老模式之间的最优选择,把一部分工资收入委托给收益更高的养老模式,同时将低收益率的模式放弃。当劳动者可以从"一支柱"中获利更高时,养老准备金将会从"二支柱"和"三支柱"转移入"一支柱";与之相反,当参保人可以从另外两个支柱获益更多时,养老准备金会从"一支柱"转移到另外两者,从而引起"三支柱"养老体系内部发生负的排挤过程。

$Y(X)$代表国民收入,$K(Q)$为所投入的资本要素,$L(M)$为所投入的劳动力要素,构造一元齐次的生产函数 $X=F(Q.M)$,外生变量是劳动力要素,P 为劳动力增长率,则人均生产函数为:

$$x = \frac{X}{M} = MF(\frac{Q}{M},1) = f(q) \qquad (4-10)$$

函数 $f(q)$ 满足

$$f(0)=0, \lim_{x \to 0}f'(q)=\infty, \lim_{x \to \infty}f'(q)=0 \qquad (4-11)$$

假设政府对产出 X 征收养老保险税费,设定 τ 为养老保险税费缴费率,则政府对人均国民收入产出的养老保险缴费额度为

$$\tau \cdot f(q) \qquad (4-12)$$

人均储蓄养老或商业养老保险投入为 S_p,且

$$S_p = i_p + b, b = g + m - \tau[f(q)+m] \qquad (4-13)$$

其中政府投入养老保险转移支付与基金注入形成的预算赤字为 b,政府人均养老保险转移支出为 g,利息为 m。

由于我国养老保险制度本质上采取的是现收现付制的财务模式,因此短

期负债和远期权益可以完全替代,即短期人均养老保险政府债务利息 r 与人均边际资本 $f_k(k)$,$\gamma\emptyset$($\emptyset$ 为人均债务水平)为政府养老保险支出债务利息,政府养老保险预算条件为:

$$b = g + \gamma\emptyset - \tau[f(q) + \gamma\emptyset] \qquad (4-14)$$

养老保险可支配养老金收入为:

$$(1 - \tau)[f(q) + \gamma\emptyset] \qquad (4-15)$$

设 S_p 为人均养老储蓄,在 Solow-Swan 增长模型里的 S_p 是固定部分,储蓄率为 s,人均养老储蓄为:

$$S_p = s[f(q) + b - g] \qquad (4-16)$$

假定私人养老储蓄和政府养老财政支出在维持养老水平方面可以完全替代,则可得出:

$$\frac{\mathrm{d}(Q)}{\mathrm{d}t} = \frac{\mathrm{d}(Q_p)}{\mathrm{d}t} + \frac{\mathrm{d}(Q_G)}{\mathrm{d}t} + nQ_p + nQ_G \qquad (4-17)$$

这表明,政府人均养老保险的财政支出行为会替代民间投资,这样人均养老保险水平在数量上不会发生增减,如果政府人均养老保险财政支出 i_G 和人均政府补贴人均支出与人均政府补贴消费的差值相等,即 $i_G = g - C_G$,则人均占有国民总资本的增量为:

$$\frac{\mathrm{d}(Q)}{\mathrm{d}t} = s[f(q) + b - g] + g(1 - \infty) - (n + \delta)(Q_p + Q_G) - b$$

$$(4-18)$$

这说明,在现行养老保险制度中,如果政府对养老保险提供财政补贴,那么当前城镇养老保险制度对个体储蓄性养老与投资商业养老保险,会形成逐渐挤出的"替代效应",同时这种替代性挤出只能使得人均养老水平产生水平移动,不能产生增长效果。政府对养老保险进行财政补贴的同时,已经将这部分预算内生于国民收入分配之中。

通过对多支柱替代效应的机理分析,养老保险城乡统筹模式必须对原有的"三支柱"保障模式进行调整和优化。"三支柱"模式中城镇养老保险的替代效用显著,阻碍了个人储蓄及商业养老保险的发展,因此有必要建立起多个支柱的养老保险体系。首先是针对全体国民建立起保障所有人员的基本养老保险制度,作为一种普惠式保障;其次是要建立起具有社会统筹性质的养老保险制度;第三是构建具有自我保障性质的养老保险制度;第四要针对在职人员建立起企业年金制度;最后是可供自由选择的个人储蓄及商业性补充养老保险。

新的五支柱模式中第零支柱来源是国家财政支出,与二三四支柱不产生相互替代关系,即

$$\frac{\mathrm{d}p}{\mathrm{d}s}=0,\frac{\mathrm{d}p}{\mathrm{d}c}=0,\frac{\mathrm{d}p}{\mathrm{d}e}=0,\frac{\mathrm{d}p}{\mathrm{d}b}=0$$

其中 p 是国民年金,由国家财政支出;s 是社会强制性统筹,由单位负责缴费,政府管理。c 是个人缴费,是第二支柱,市场化运营;e 是企业年金,单位和个人共同缴费,是第三支柱;b 是第四支柱,家庭储蓄和商业保险,个人缴费。

第一支柱是自我保障性质的养老保险制度,个人缴费,与第四支柱有一定的替代效应。即

$$\frac{\mathrm{d}c}{\mathrm{d}e}=0,\frac{\mathrm{d}c}{\mathrm{d}b}\neq0$$

第二支柱具有社会统筹性质的养老保险制度,由单位缴费,政府管理,对于第三支柱具有一定的替代效应。则

$$\frac{\mathrm{d}s}{\mathrm{d}c}=0,\frac{\mathrm{d}s}{\mathrm{d}e}\neq0,\frac{\mathrm{d}s}{\mathrm{d}b}=0$$

第三支柱是企业年金制度,由单位缴费,市场化运营,对第一支柱有一定的替代效应。即

$$\frac{\mathrm{d}e}{\mathrm{d}s}\neq0,\frac{\mathrm{d}e}{\mathrm{d}b}=0$$

第四支柱是可供自由选择的个人储蓄及商业性补充养老保险,由个人缴费,对第二支柱有一定的替代效应。即

$$\frac{\mathrm{d}b}{\mathrm{d}c}\neq0$$

因此,养老保险五支柱模式构成养老函数:

$$Q = f(p, s, c, e, b)$$

$$dQ = df + \frac{ds}{de} + \frac{dc}{db} \qquad\qquad (4-19)$$

由此可以分析得出,"五支柱"模式是对"三支柱"模式的完善和发展,它有效地将养老保险体系覆盖面扩展到所有老年人群,强调建立普惠式"零支柱"的必要性;五支柱模式不同支柱之间的划分依据更为合理,不仅明确了不同"责任主体",也使得养老保险统筹模式的"制度内涵"得以体现。从上文的分析也可以看出,"五支柱"模式中,各养老保险支柱之间应呈现出分层次、分类别的特点,使所有养老保险各支柱都能够发挥各自不同的保障功能,减弱单个支柱的替代效用,转向各支柱均衡发展,养老保障体系全面覆盖的模式。全体国民中任何一类群体都可以在多支柱的养老保障模式中享受到各个层次养老保险的保障待遇,各支柱的替代效用不显著,不存在互相挤出的效应,整个养老保障体系运行较为稳定。

4.4　"新五支柱"统筹模式

基于对城乡统筹内涵的剖析,建立城乡之间保障水平一致、绝对公平的基本养老保险制度是不切实际的,也是不可行的。城乡基本养老保险统筹模式的构建应是建立在有一定差别的基础上的统一,应允许存在以不同职业群体、属性为依据,确立不同保障水平的保障方案,即有差别的统一模式。

按照世界银行提出的"五支柱"模型,为了实现现有制度与目标模式的平稳过渡,在世界银行"五支柱"模式的基础上,结合我国的基本国情,提出了统一多层次养老保障"新五支柱"模式。与"五支柱"模式相比,主要差别在于第二支柱和第三支柱的顺序有所不同,具体"新五支柱"组成如下:

4.4.1　非缴费型的"第零支柱"

世界银行认为,在发展中国家,由于低收入人群规模庞大,缴费性养老金不能迅速扩大覆盖面,因此,需要设计一个非缴费性的零支柱,以便更有效地为老年群体提供收入保障。

目前,我国农村居民以及城镇未参加职保的居民收入水平较低,缴费能力有限。为了迅速扩大养老保障的覆盖面,保障城乡居民老有所养,城乡居保基础养老金按照普遍性的原则,对所有的符合条件的老年群体发放基础养老金。随着城乡收入差距的不断缩小,农村居民具有相应的缴费能力以后,非缴费性的零支柱应该逐渐退出历史舞台,取而代之的是以缴费性的第一支柱作为覆盖全民的基础养老金。一是我国人口众多,随着老龄化程度日趋严重,老年人口规模越来越大,如果以非缴费性的零支柱作为统一的基础养老金,保障水平较低,起不到保障的目的;保障水平较高,政府财政支出压力十分巨大;二是从加拿大等普惠制基础养老金改革经验看,均等的养老金不考虑个人收入状况,导致财政资金并没有用于真正有需求的人身上,加拿大对普惠制养老金制度进行改革,要求收入达到一定程度的国民,向政府返还普惠制的基础养老金;三是普惠制基础养老金不利于调动个人的积极性,也不便于责任分担;四是从国际经验看,美国、日本等国家实行缴费性的基础养老金,基本上也能实现制度的全覆盖。因此,随着我国城乡差距逐渐缩小,城乡一体化程度不断提高,缴费性的基础养老金应作为城乡统一的养老保障体现的第一支柱。而"零支柱"则以社会救助为主,以仅依靠第一支柱养老金达不到最低生活保障标准的老年人给予一定程度的生活救助,因此,其责任主体为政府。

要建立起国民年金这一惠及全体国民的养老制度。国民年金作为最基本的、人人享有的养老保险基金,在目标养老保险模式中成为最基础的第零支柱,国民年金作为养老保险基金最基础的部分,由国家财政统一划拨,按照居民可支配收入的一定比例进行缴纳,建立国民年金个人账户。国民年金的替代率为5.5%,相对较低,因此可以称之为"小普惠"。

4.4.2　个人账户制的"第一支柱"

强制性的"第一支柱"为了发挥养老保障的储蓄功能,宜采取完全基金式的筹资模式。强制性的"第一支柱"由职保、城乡居保的个人账户组成。全体城乡居民在参加国民保险的同时,其个人缴纳的费用进入个人账户。参保人个人账户由政府机构委托专业的私营机构运营,充分发挥养老保险基金的储蓄功能,因此,其责任主体为个人。

无论是城镇职工还是城乡居民,都享有基本养老保险,基本养老保险中的个人账户部分作为社会养老保障体系的第一支柱,实行完全积累制度,由城乡居民自己按照一定比例进行缴纳,达到规定年限之后可以按月领取一定金额的个人账户养老金。

4.4.3 社会统筹制的"第二支柱"

我国职保自 1993 年确立"社会统筹与个人账户相结合"的改革目标以来,历经 1995 年、1997 年以及 2005 年的改革,目前已形成社会统筹和个人账户相结合的制度模式。城乡经济一体化发展到一定阶段后,职保的社会统筹部分可改造为缴费性的第二支柱,变成国民保险。国民保险仍采取现收现付的筹资模式,资金来源于用人单位(个体户或自由职业者由个人承担)缴费,发挥缴费性的第二支柱收入再分配、缓解贫困和分散风险的保障功能。

在国民年金之上,基本养老保险中的统筹账户部分作为社会养老保障体系的第二支柱,实行完全积累制度,由国家政府或企业为城乡居民按照一定比例进行缴纳,达到规定年限之后,城乡居民可以按月领取一定金额的统筹账户养老金。

与世界银行"五支柱"模式的第二支柱(个人储蓄)相比,"新五支柱"的第二支柱的缴费主体和责任主体是企业,对于我国的现实情况而言,企业缴费率属于强制性缴费,故作为第二支柱较合适。

4.4.4 自愿性的"第三支柱"

"第三支柱"是基本养老保障制度的必要补充,以自愿为原则,采取职业年金或个人储蓄账户的形式。雇员参加雇主发起举办的职业年金,自雇者可以参加个人储蓄账户计划。国家通过税收优惠促进"第三支柱"的发展,以满足社会成员较高层次的养老保障需求,因此,其责任主体为企业和个人。

与世界银行"五支柱"模式的第三支柱（企业缴费）相比，"新五支柱"的第三支柱的缴费主体和责任主体是个人，即企业年金，这部分缴费暂时还不是强制性的，故作为灵活缴费的第三支柱较合适。

4.4.5 非正规保障的"第四支柱"

非正规保障的"第四支柱"包括商业保险、家庭赡养、医疗服务和住房政策等方面的资助。第四支柱通过向老年人提供附加的非正式的家庭内部或者代际的资金或非资金的养老保障支持，以切实保障相对弱势老年人的生活需要，因此，其责任主体为个人，如表4-2、图4-1所示。

表4-2 我国城乡统一多层次养老保障制度基本结构

制度支柱	制度类型	资金来源	功能
零支柱	国民年金	国家财政	保障
第一支柱	强制性个人账户	个人缴费	储蓄，保障
第二支柱	强制性社会统筹	单位缴费	保障，再分配
第三支柱	城乡企业年金	单位、个人缴费	储蓄，补充
第四支柱	商业保险、个人储蓄等	个人	补充，家庭

注：第一支柱单位承担的缴费若是自雇者则由个人承担；低收入人群由国家代缴或者免缴。

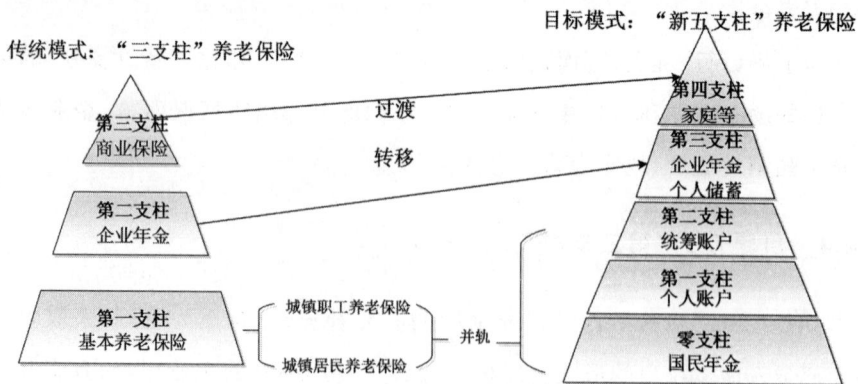

图4-1 "三支柱"养老保险与"新五支柱"养老保险模式过渡示意图

本书在综合考虑城镇职工和城乡居民两大参保群体差异的基础上,构建了"新五支柱"的养老保险模式,旨在将城乡居民养老保险和城镇职工养老保险两大制度合并到统一平台,建立起能够公平惠及所有群众的养老保障制度,实现人人老年基本生活有保障的目标。

从传统的"三支柱"养老保险模式过渡到"新五支柱"养老保险模式,最根本的是通过城镇职工养老保险和城镇居民养老保险两项制度的并轨,将原本"三支柱"中的基本养老保险转化为国民年金、个人账户、统筹账户和企业年金四项制度,分别构成目标养老保险模式的第零、第一、第二和第三支柱。由家庭赡养等非正规的保障制度组成养老保险体系的第四支柱,具有选择自由度高的特点。总体上,目标模式中的每一个支柱都能够充分发挥作用。

传统的养老保险"三支柱"体系中,由于企业年金的设立与企业效益相关,依靠企业自觉自发建立,因此企业年金作为第二支柱所发挥的作用有限,在"新五支柱"养老保险模式中,企业年金成为企业必须为职工建立的保障制度,作为保障城镇职工养老金替代率的第三支柱,发展动力得到激发。

4.5 本章小结

(1) 为了实现养老保险的城乡统筹目标,可在我国建立"新五支柱"的养老保险模式,即"第零支柱":在我国建立国民公共养老金,这个养老金的平台保证了国民的基本生活;"第一支柱":强制性个人账户,体现养老保险权利义务对等的原则;"第二支柱":强制性社会统筹,实行现收现付制度;"第三支柱":职业年金或个人储蓄职业年金,满足社会成员较高层次的养老保障需求;"第四支柱":家庭等非正规的保障制度,保障弱势群体的养老需求。

(2) 城乡养老保险统筹应遵循城乡并重、相互协调、公平与效益相结合、保障基本生活与社会经济发展相适应、因地制宜和分类推进的原则,以达到覆盖全体国民公平享受老年生活保障,并且能够在保障现有养老保险水平的基础上有所提高的制度目标。

(3) 遵循养老保险城乡统筹理论,将人均可支配收入作为测算城乡统筹养老保险所有参保主体的缴费基数,为符合国际惯例和理论研究习惯,将社会平均工资作为核算城乡统筹养老保险制度参保人享受养老保险待遇的替代率基数。

第 5 章 "第零支柱"国民年金成本测算

2014 年 4 月,国务院发布了《关于建立统一的城乡居民基本养老保险制度的意见》,按照党的十八大精神和十八届三中全会关于整合城乡居民基本养老保险制度的要求,依据《中华人民共和国社会保险法》有关规定,在总结新型农村社会养老保险和城镇居民社会养老保险试点经验的基础上,国务院决定,将新农保和城居保两项制度合并实施,在全国范围内建立统一的城乡居民基本养老保险制度。该制度的目标是在"十二五"末,在全国基本实现新农保和城居保制度合并实施,并与城镇职工基本养老保险制度相衔接。2020 年前,要全面建成公平、统一、规范的城乡居民养老保险制度,充分发挥家庭养老等传统养老保障方式的积极作用,由此来保障参保居民在年老时候的基本生活。"第零支柱"国民年金的作用在于对城乡居民的基本生活给予保障,下面将对国民年金成本进行测算,探讨"零支柱"的制度可行性。

城乡居民养老保险基金由个人缴费、集体补助、政府补贴三方面构成。参加城乡居民养老保险的公民要按照相关规定按时按量的缴纳养老保险费,缴费标准目前设为每年 100 元、200 元、300 元、400 元、500 元、600 元、700 元、800 元、900 元、1 000 元、1 500 元、2 000 元 12 个档次。与此同时地方人民政府也要对参保人缴费给予一定的补贴:对于选择最低档次标准缴费的人群,给予其的补贴标准应该不低于每人每年 30 元;对选择较高档次标准缴费的,也应该适当增加补贴;对选择 500 元及以上档次标准缴费的人群,补贴标准不低于每人每年 60 元,对重度残疾人等缴费困难群体,地方人民政府为其代缴部分或全部最低标准的养老保险费,具体标准和办法由省(区、市)人民政府确定。

2015 年 1 月,人力资源和社会保障部同财政部联合发布的《关于提高全国城乡居民基本养老保险基础养老金最低标准的通知》明确规定,从 2014 年 7 月 1 日起,全国城乡居民基本养老保险基础养老金最低标准在原每人每月 55 元的基础上增加 15 元,提高至每人每月 70 元。提高标准所需的资金,中央财政对中西部地区给予全额补助、对东部地区则给予 50% 的补助。各地人力资源和社会保障部门同财政部门要积极采取措施提高基础养老金标准,及时把提高后的养老金足额发放给群众,正确引导社会舆论走向。同时,健全参保缴费的激励机制,引导和鼓励城乡居民选择更高缴费档次,长期持续缴费,增加个人账户积累,逐步提高养老保障水平。

国民年金的成本将基于我国未来城乡居民人口、人均可支配收入等的预测进行测算,从而对政府支付国民年金的可承受性以及该制度的可行性进行评估。

5.1 城乡居民与城镇职工的国民年金成本测算

5.1.1 全国人口总量预测

本书利用系统动力学方法对未来人口总数进行预测:①以 2010 年第六次人口普查数据为基础,将前一年分年龄、性别、城乡的人口数与其对应的生存概率相乘,即可获得后一年分年龄、性别、城乡的自然增长人口数;②将前一年育龄妇女人数(15～49 岁)与对应的生育率相乘,获得后一年的新生儿数量(0 岁人口);③考虑城镇化,农村人口迁移到城镇的情况[①],能够获得每一年分年龄、性别、城乡的人口数。

"全面二孩"政策的放开刺激妇女生育意愿提高,总和生育率也会提高。我国人口生育政策由独生子女政策向二孩政策的转变,加上全面二孩等政策即将落地,所以本书在人口模型中把生育政策作为可变参数,对不同生育政

———————————

① 根据实际情况,本书假设城市化率每年增加 1%,这样就可以得到迁移人口。

策下人口数量的变化进行了预测,如表 5-1 所示。

1) 模型假设

i 在可预测的时间范围内,未发生由于疫情、灾害或战争等能够导致人口突发变化的事件。

ii 本书模型研究中不考虑人口的迁入与迁出行为,是对我国人口自然增长状况的理论模拟。

iii 随着"全面二孩"政策的放开后,我国生育率为 1.75(并进行极端假设,即生育率=2 时,人口总数及结构的变化。

iv 假设出生性别比不发生大的波动。

v 假设各年龄阶段的妇女出生概率稳定不变。

vi 假设各年龄阶段的人口死亡率及存活率稳定不变。

表 5-1 定义与符号说明

符号	说明	符号	说明
FBR	女性出生速率	F_i	第 i 到第 $i+1$ 年龄段的女性转移速率
MBR	男性出生速率	M_i	第 i 到第 $i+1$ 年龄段的男性转移速率
FP_i	第 i 年龄段的女性人口	P_i	第 i 年龄段女性的生育概率
MP_i	第 i 年龄段的男性人口	SR	新生儿出生性别比
FD_i	第 i 年龄段的女性人口死亡速率	GP	生育模式
MD_i	第 i 年龄段的男性人口死亡速率	TP_i	某年龄段人口数量
FDR_i	第 i 年龄段的女性人口死亡率	NTP	总人口
MDR_i	第 i 年龄段的男性人口死亡率		

2) 模型建立

首先,应明确人口系统即为一个老化链结构。因此,按照人口演化的现实规律,按照一定年龄间距对总人口进行分段,本模型以每 1 岁为一个年龄段,将总人口分为 0 岁、1 岁、2 岁、……98 岁、99 岁及以上,共 100 个年龄段。根据人口生育的一般规律可知,年龄段在 15~49 岁的女性人口具有生育能力,于是得到人口系统模型,如图 5-1 所示。

模型中人口数量没有考虑流动人口的影响,所以,每个年龄段人口的输入流只有两种情况,即新出生的人口,或是从上一个年龄段转化过来的那部分人口。另一方面,每个年龄段人口的输出流有两个:一是转化到下一年龄段的那部分人口,即转移速率(F_i);二是死亡人口,即死亡速率(FD_i)。模型的最终阶段是死亡阶段,即死亡速率。本书所用模型中的生育政策为计划生育政策,将生育政策参数设为调控变量。实行"全面二孩"政策之后,根据资料调查所得的适龄女性的生育意愿强烈程度将生育政策参数设为 1.75 和 2,分析不同政策参数影响下,我国未来总人口的数量及其结构变化趋势。

不同年龄阶段的妇女生育概率不同,通过对统计资料的整理和分析,可得妇女生育时间的分布规律,如表 5 - 2。

表 5 - 2　妇女生育时间的分布规律

15	16	17	18	19	20	21	22	23	24
0.0001	0.0009	0.0032	0.0085	0.0166	0.0334	0.0548	0.0722	0.0864	0.0916
25	26	27	28	29	30	31	32	33	34
0.0896	0.0876	0.0841	0.0787	0.0703	0.0594	0.0519	0.0452	0.0374	0.0313
35	36	37	38	39	40	41	42	43	44
0.0265	0.0221	0.0180	0.0146	0.0117	0.0095	0.0072	0.0063	0.0053	0.0044
45	46	47	48	49					
0.0041	0.0039	0.0036	0.0036	0.0035					

以 2010 年我国第六次人口普查的资料为依据,确定各相关参数和各年龄阶段人口的初始值,并以我国人口普查数据的时点为初始状态,利用 100 阶段构建人口系统仿真模型进行系统仿真,如图 5 - 1 所示。

3) 我国人口系统动力学模型中的变量与方程说明

由于此模型中涉及的变量比较多,为方便清晰阐述模型各组成部分,将分别解释模型中变量及方程的经济含义。

首先将系统动力学中方程的构成及通用符号的含义做出说明。

(1) 女性人口(FP_i)。

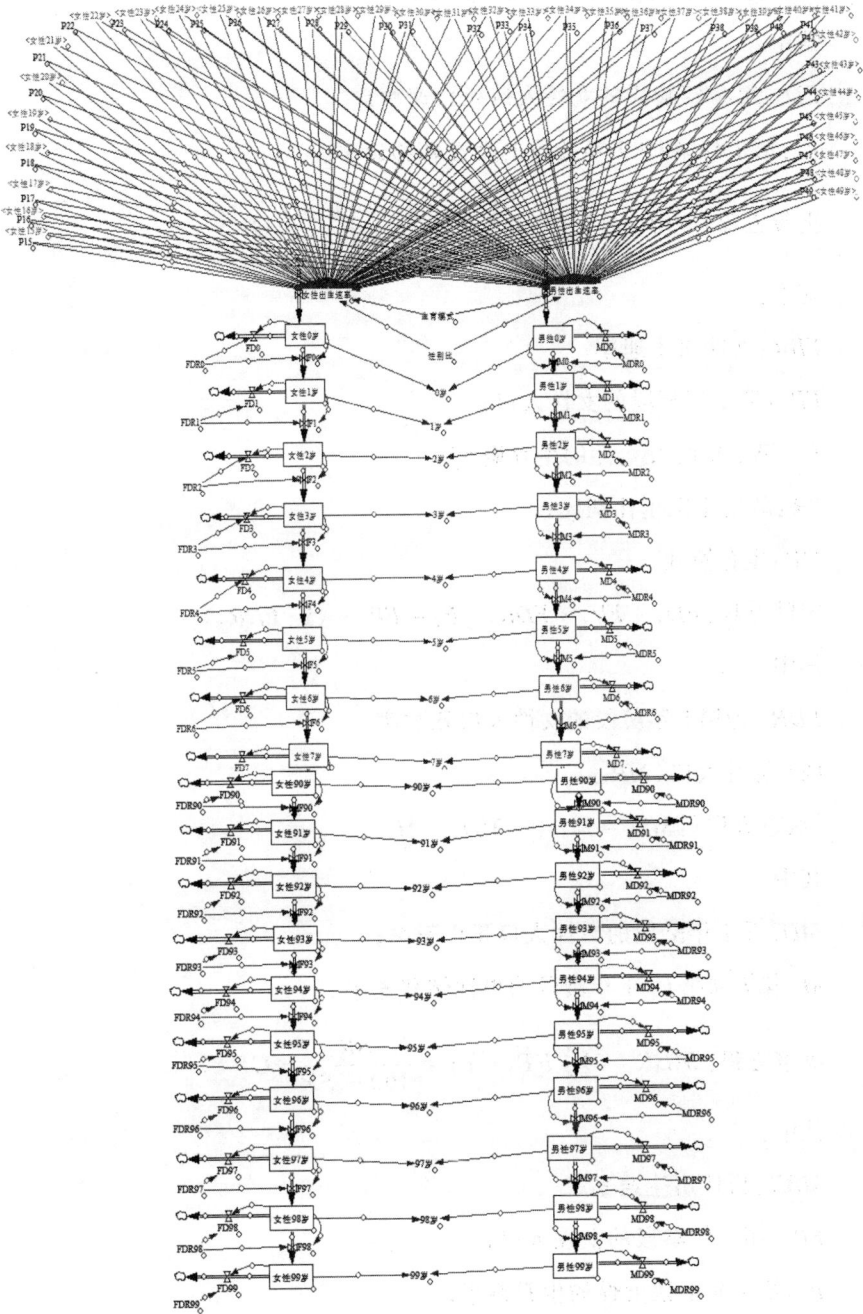

图 5-1 我国人口系统模型

［状态方程］：$FP_i = F_{i-1} - FD_i - F_i$

其中：

FD_i：第 i 年龄段的女性人口死亡速率；

F_i：第 i 到第 $i+1$ 年龄段的女性转移速率。

决策方程：$FBR = \sum\limits_{i=0}^{49} FP_i * P_i * \dfrac{100}{100 + SR} * GP$

其中：

FBR：女性出生速率；

FP_i：第 i 年龄段的女性人口；

P_i：第 i 年龄段女性的生育概率；

SR：新生儿出生性别比；

GP：生育模式。

辅助方程：$FD_i = FP_i * FDR_i$；$F_i = FP_i * (1 - FDR_i)$

其中：

FDR_i 为第 i 年龄段的女性人口死亡率。

（2）男性人口（MP_i）。

［状态方程］：$MP_i = M_{i-1} - MD_i - M_i$

其中：

MD_i 第 i 年龄段的男性人口死亡速率；

M_i 第 i 到第 $i+1$ 年龄段的男性转移速率。

决策方程：$MBR = \sum\limits_{i=0}^{49} FP_i * Pi * \dfrac{SR}{100 + SR} * GP$

其中：

MBR：男性出生速率；

FP_i：第 i 年龄段的女性人口；

P_i：第 i 年龄段女性的生育概率；

SR：新生儿出生性别比；

GP：生育模式。

辅助方程：$MD_i = MP_i * MDR_i$；$M_i = MP_i * (1 - MDR_i)$

其中：

MDR_i：第 i 年龄段的女性人口死亡率。

（3）总人口。

在人口系统模型基础上，我们继续构建出总人口子系统模型及说明如下。

总人口子系统是总人口数量的仿真模拟。总人口数量等于各年龄段人口数量之和，其模型如图 5 - 2 所示。

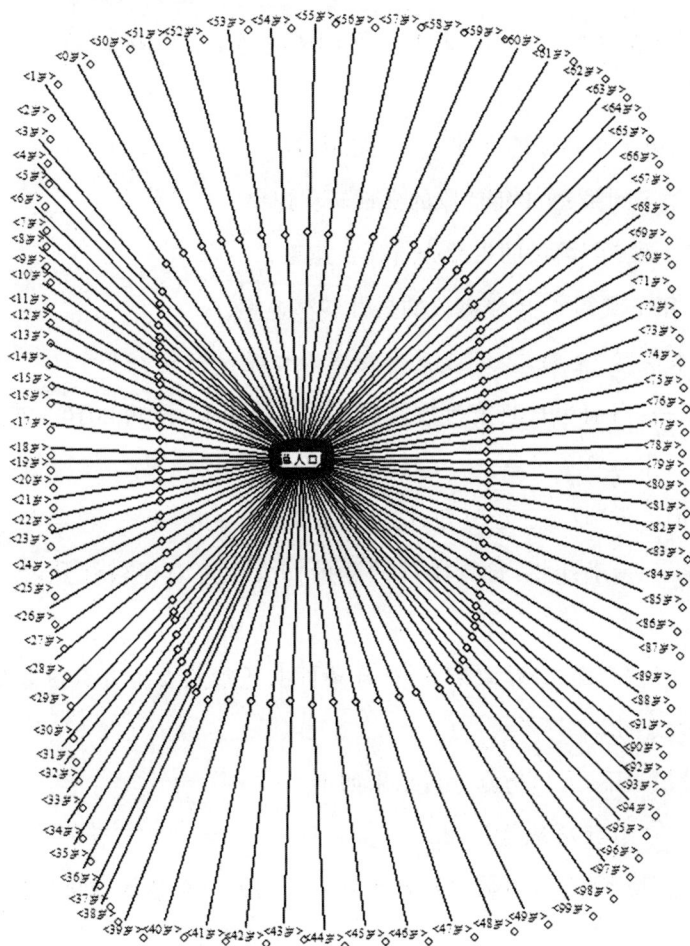

图 5 - 2　总人口子系统模型

状态方程：$NTP = \sum\limits_{i=0}^{99} TP_i$

其中：

TPi：某年龄段人口数量。

决策方程：$TP_i = FP_i + MP_i$

其中：

FP_i：第 i 年龄段的女性人口；

MP_i：第 i 年龄段的男性人口。

辅助方程：$FP_i = F_{i-1} - FD_i - F_i$；$MP_i = M_{i-1} - MD_i - M_i$

其中：

FD_i：第 i 年龄段的女性人口死亡速率；

F_i：第 i 到第 $i+1$ 年龄段的女性转移速率；

MD_i：第 i 年龄段的男性人口死亡速率；

M_i：第 i 到第 $i+1$ 年龄段的男性转移速率。

1）未实行"全面二孩"政策情景下人口系统仿真分析

情景一：当前生育政策参数＝1.6，在该情境下，预测2010—2050年人口变化趋势，作为参考对象。

"全面二孩"政策已经放开，做如下假设：

情景二：未来几年，符合条件的适龄妇女生育意愿较强烈，生育政策参数＝1.8。

情景三："全面二孩"政策下，符合条件的适龄妇女生育意愿非常强烈，生育政策参数＝2。

各种情景下，人口仿真分析结果如下。

2）人口总数及结构预测

不同情境下，总人口数以及各年龄阶段的人口总数的变化趋势如图5-3所示。

在这三种情境下，总人口数量在预测期间都呈先升后降趋势。在情景一中，人口总数在2028年达到峰值，之后开始逐年下降。在情景二中，总人口数

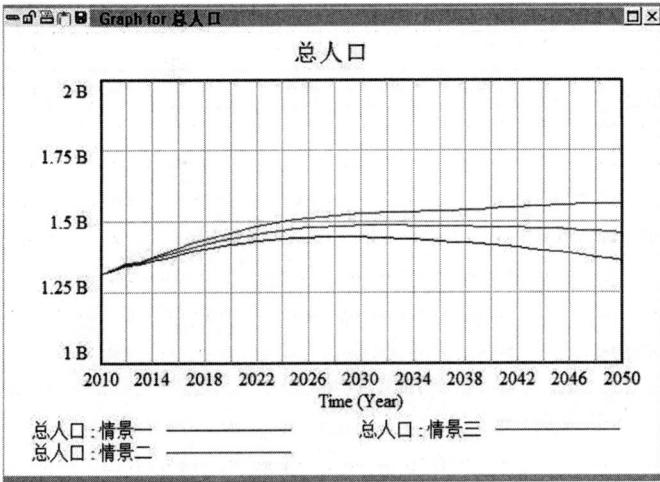

图 5-3 不同情境下人口总数预测图

量在 2031 年达到峰值,之后开始逐渐下降。在情景三中,总人口数量在 2049 年达到峰值,之后逐步下降,如表 5-3 所示。

表 5-3 不同情境下人口结构预测

年份	总人口			女性总人口			男性总人口		
	情景一	情景二	情景三	情景一	情景二	情景三	情景一	情景二	情景三
2016	1 380 900 000	1 393 400 000	1 405 910 000	683 120 000	689 863 000	696 605 000	717 994 000	726 287 000	734 580 000
2017	1 391 010 000	1 405 960 000	1 420 920 000	687 781 000	695 616 000	703 450 000	723 335 000	732 971 000	742 607 000
2018	1 400 440 000	1 417 810 000	1 435 170 000	692 073 000	700 973 000	709 873 000	728 237 000	739 183 000	750 128 000
2019	1 409 080 000	1 428 790 000	1 448 500 000	695 950 000	705 883 000	715 816 000	732 641 000	744 857 000	757 073 000
2020	1 416 850 000	1 438 840 000	1 460 830 000	699 380 000	710 311 000	721 241 000	736 514 000	749 956 000	763 398 000
2021	1 423 700 000	1 447 900 000	1 472 100 000	702 345 000	714 235 000	726 126 000	739 833 000	754 455 000	769 076 000
2022	1 429 620 000	1 455 960 000	1 482 300 000	704 853 000	717 668 000	730 482 000	742 611 000	758 367 000	774 124 000
2023	1 434 580 000	1 462 980 000	1 491 390 000	706 907 000	720 610 000	734 313 000	744 850 000	761 699 000	778 546 000
2024	1 438 550 000	1 468 940 000	1 499 330 000	708 519 000	723 077 000	737 635 000	746 572 000	764 470 000	782 367 000
2025	1 441 600 000	1 473 910 000	1 506 210 000	709 711 000	725 094 000	740 477 000	747 803 000	766 714 000	785 624 000
2026	1 443 800 000	1 477 960 000	1 512 120 000	710 517 000	726 699 000	742 881 000	748 593 000	768 484 000	788 375 000
2027	1 445 150 000	1 481 110 000	1 517 060 000	710 963 000	727 923 000	744 882 000	748 970 000	769 816 000	790 661 000
2028	1 445 730 000	1 483 440 000	1 521 150 000	711 078 000	728 799 000	746 520 000	748 975 000	770 755 000	792 534 000
2029	1 445 610 000	1 485 040 000	1 524 470 000	710 896 000	729 368 000	747 841 000	748 659 000	771 360 000	794 061 000
2030	1 444 850 000	1 485 980 000	1 527 120 000	710 440 000	729 661 000	748 886 000	748 049 000	771 667 000	795 290 000

（续表）

年份	总人口			女性总人口			男性总人口		
	情景一	情景二	情景三	情景一	情景二	情景三	情景一	情景二	情景三
2031	1 443 510 000	1 486 350 000	1 529 210 000	709 733 000	729 712 000	749 701 000	747 182 000	771 729 000	796 288 000
2032	1 441 670 000	1 486 270 000	1 530 910 000	708 810 000	729 576 000	750 365 000	746 106 000	771 617 000	797 155 000
2033	1 439 410 000	1 485 860 000	1 532 390 000	707 697 000	729 303 000	750 955 000	744 856 000	771 396 000	797 991 000
2034	1 436 820 000	1 485 240 000	1 533 810 000	706 439 000	728 959 000	751 562 000	743 501 000	771 160 000	798 921 000
2035	1 433 940 000	1 484 460 000	1 535 250 000	705 061 000	728 585 000	752 248 000	742 072 000	770 961 000	800 019 000
2036	1 430 800 000	1 483 620 000	1 536 820 000	703 576 000	728 202 000	753 039 000	740 590 000	770 827 000	801 324 000
2037	1 427 460 000	1 482 730 000	1 538 560 000	701 992 000	727 812 000	753 935 000	739 066 000	770 766 000	802 838 000
2038	1 423 900 000	1 481 810 000	1 540 480 000	700 290 000	727 396 000	754 911 000	737 477 000	770 750 000	804 528 000
2039	1 420 200 000	1 480 940 000	1 542 680 000	698 482 000	726 955 000	755 964 000	735 837 000	770 785 000	806 391 000
2040	1 416 330 000	1 480 080 000	1 545 090 000	696 552 000	726 468 000	757 058 000	734 129 000	770 843 000	808 386 000
2041	1 412 210 000	1 479 120 000	1 547 590 000	694 459 000	725 879 000	758 123 000	732 312 000	770 867 000	810 437 000
2042	1 407 860 000	1 478 040 000	1 550 120 000	692 197 000	725 166 000	759 122 000	730 378 000	770 830 000	812 493 000
2043	1 403 180 000	1 476 750 000	1 552 550 000	689 724 000	724 276 000	759 982 000	728 277 000	770 664 000	814 471 000
2044	1 398 150 000	1 475 170 000	1 554 810 000	687 020 000	723 175 000	760 659 000	725 986 000	770 334 000	816 316 000
2045	1 392 750 000	1 473 280 000	1 556 800 000	684 083 000	721 850 000	761 123 000	723 501 000	769 819 000	817 991 000
2046	1 386 930 000	1 470 990 000	1 558 430 000	680 890 000	720 265 000	761 328 000	720 794 000	769 078 000	819 438 000
2047	1 380 680 000	1 468 280 000	1 559 640 000	677 439 000	718 415 000	761 258 000	717 857 000	768 095 000	820 631 000
2048	1 374 000 000	1 465 110 000	1 560 390 000	673 731 000	716 289 000	760 896 000	714 689 000	766 859 000	821 549 000
2049	1 366 850 000	1 461 450 000	1 560 610 000	669 762 000	713 881 000	760 227 000	711 280 000	765 354 000	822 168 000
2050	1 359 260 000	1 457 300 000	1 560 300 000	665 548 000	711 202 000	759 262 000	707 650 000	763 595 000	822 499 000

5.1.2 未来"全国居民可支配收入"测算

由于国民年金的发放对象是全体老年国民，目前缺乏全国性的"社会平均工资"作为测算基础，现选用全国居民的可支配收入来进行测算，但"人均可支配收入"与"职工人均工资"之间存在所得税、养老金等收入调整，因此需要对养老金的目标替代率进行折算，以"个人可支配收入"为基数的养老金（折算）替代率应高于以"职工人均工资"为基数的传统替代率。鉴于全国居民可支配收入于2013年才开始统计，之前分为城镇居民可支配收入和农村居民可支配收入，为了保持数据的延续，"全国居民可支配收入"将通过城镇居民和农村居民的人口数进行加权平均计算得到。

首先对未来十年的城镇人口、乡村人口、城镇居民人均可支配收入、农村居民人均可支配收入进行预测,如表5-4所示。

表 5-4 近 20 年城镇居民、农村居民人口与人均可支配收入

年份	城镇人口数 (万人)	农村人口数 (万人)	城镇居民可支配收入(元/年)	农村居民可支配收入(元/年)	全国居民可支配收入(元/年)
1995	35 174	85 947	4 283.0	1 577.7	2 363.33
1996	37 304	85 085	4 838.9	1 926.1	2 813.92
1997	39 449	84 177	5 160.3	2 090.1	3 069.80
1998	41 608	83 153	5 425.1	2 162.0	3 250.25
1999	43 748	82 038	5 854.0	2 210.3	3 477.57
2000	45 906	80 837	6 280.0	2 253.4	3 711.82
2001	48 064	79 563	6 859.6	2 366.4	4 058.53
2002	50 212	78 241	7 702.8	2 475.6	4 518.90
2003	52 376	76 851	8 472.2	2 622.2	4 993.22
2004	54 283	75 705	9 421.6	2 936.4	5 644.62
2005	56 212	74 544	10 493.0	3 254.9	6 366.56
2006	58 288	73 160	11 759.5	3 587.0	7 210.93
2007	60 633	71 496	13 785.8	4 140.4	8 566.60
2008	62 403	70 399	15 780.8	4 760.6	9 938.94
2009	64 512	68 938	17 174.7	5 153.2	10 964.60
2010	66 978	67 113	19 109.4	5 919.0	12 507.56
2011	69 079	65 656	21 809.8	6 977.3	14 581.96
2012	71 182	64 222	24 564.7	7 916.6	16 668.52
2013	73 111	62 961	26 467.0	9 429.6	18 583.72
2014	74 916	61 866	28 843.9	10 488.9	20 541.96

城乡居民人口数的测算。根据系统动力学模型,可以预测出我国未来的人口总数,随着城镇化水平的不断加深,城镇居民人数呈现逐年上升的趋势,同时农村户籍的人口数量在不断减少。根据往年城乡居民人口数量,可以发

现城镇居民人数与农村居民人数之间的比例在不断增大。从 1995 年到 2014 年,我国城镇人口数量、农村人口的数量、城市人口与农村人口数量之比的情况,如表 5-5 所示。

表 5-5　近 20 年城镇居民、农村居民人口与人数比

年份	城镇人口数(万人)	农村人口数(万人)	城镇人口数/农村人口数
1995	35 174	85 947	0.4093
1996	37 304	85 085	0.4384
1997	39 449	84 177	0.4686
1998	41 608	83 153	0.5004
1999	43 748	82 038	0.5333
2000	45 906	80 837	0.5679
2001	48 064	79 563	0.6041
2002	50 212	78 241	0.6418
2003	52 376	76 851	0.6815
2004	54 283	75 705	0.7170
2005	56 212	74 544	0.7541
2006	58 288	73 160	0.7967
2007	60 633	71 496	0.8481
2008	62 403	70 399	0.8864
2009	64 512	68 938	0.9358
2010	66 978	67 113	0.9980
2011	69 079	65 656	1.0521
2012	71 182	64 222	1.1084
2013	73 111	62 961	1.1612
2014	74 916	61 866	1.2109

根据表 5-5,可以发现从 1995 年到 2014 年,城镇人口数量在不断增加,农村人口数量在持续减少,两者之间的比值从 0.4093 增加到了 1.2109,比值呈现出不断增大的趋势,如图 5-4 所示。

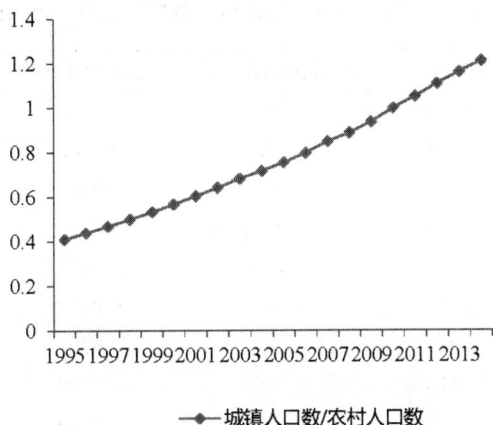

图 5 - 4 城镇人口与农村人口比例折线图

将城镇人口数量与农村人口数量之间的比值表示成折线图,可以看出该比值呈现明显的增长趋势。可根据二者往年人口数量关系,预测出未来我国城镇人口与农村人口之间的比值,从而基于总人口的预测值,按照预测出来的比例估测出城镇人口与农村人口的数值。利用 *SPSS* 16.0 软件,令城镇人口与农村人口之间的比值为 N,相应年份为 Xi,对城乡居民人口比值和相应年份进行曲线回归分析,根据散点的分布情况,选择复合函数、增长函数和指数函数三类函数对城乡人口比值进行回归分析,测算得到相关结果如下,如表 5 - 6 所示。

表 5 - 6 城乡居民人数比例曲线回归模型汇总

方程	模型汇总				参数估计值	
	R^2	F	df_1	sig	常数	b_1
复合	0.998	8 650	1	0.000	$1.968E-50$	1.059
增长	0.998	8 650	1	0.000	-114.452	0.057
指数	0.998	8 650	1	0.000	$1.968E-50$	0.057

以上三种曲线回归的 R^2 与 F 值基本相同,因此考虑对三种模型的预测值进行比较,如表 5 - 7,图 5 - 5 所示。

表5-7 城镇人口与农村人口比值的曲线回归预测值

年份	实际值	复合函数预测值	增长函数预测值	指数函数预测值
1995	0.4093	0.9151	0.4785	0.4784
1996	0.4384	0.9691	0.5066	0.5065
1997	0.4686	1.0263	0.5363	0.5362
1998	0.5004	1.0868	0.5678	0.5677
1999	0.5333	1.1509	0.6011	0.6010
2000	0.5679	1.2188	0.6364	0.6362
2001	0.6041	1.2907	0.6737	0.6735
2002	0.6418	1.3669	0.7132	0.7130
2003	0.6815	1.4475	0.7550	0.7548
2004	0.717	1.5330	0.7993	0.7991
2005	0.7541	1.6234	0.8462	0.8460
2006	0.7967	1.7192	0.8958	0.8956
2007	0.8481	1.8206	0.9484	0.9482
2008	0.8864	1.9280	1.0040	1.0038
2009	0.9358	2.0418	1.0629	1.0626
2010	0.998	2.1622	1.1252	1.1250
2011	1.0521	2.2898	1.1912	1.1910
2012	1.1084	2.4249	1.2611	1.2608
2013	1.1612	2.5680	1.3351	1.3348
2014	1.2109	2.7195	1.4134	1.4131

比值

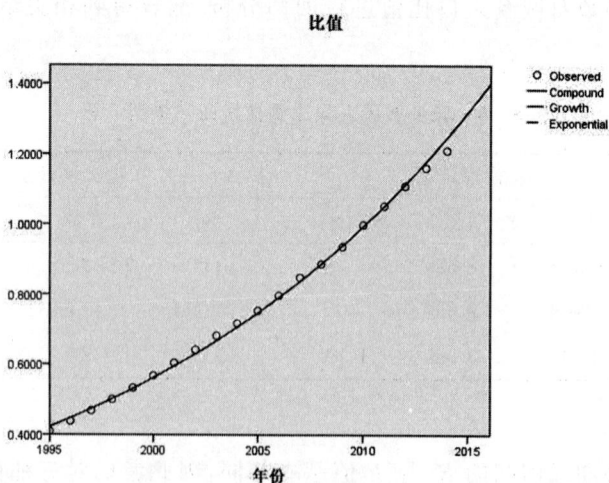

图5-5 数据预测拟合示意图

由以上图表可知,城乡居民人口比值和相应年份 X_i 之间指数函数回归的拟合效果较好。由此得出指数估计方程及其预测值:

$$N = 1.968 \times 10^{-50} \times EXP(0.057\, X_i) \tag{5-1}$$

从式(5-1),可以预测出 2020 年到 2050 年全国的城镇人口与农村人口数量,预测结果如表 5-8,图 5-6,图 5-7 所示。

表 5-8   2015—2050 年城乡人口预测值

年份	城镇人口数/农村人口数	年份	城镇人口数/农村人口数	年份	城镇人口数/农村人口数	年份	城镇人口数/农村人口数
1995	0.4784	2009	1.0626	2023	2.3602	2037	5.2423
1996	0.5065	2010	1.125	2024	2.4987	2038	5.5498
1997	0.5362	2011	1.191	2025	2.6452	2039	5.8753
1998	0.5677	2012	1.2608	2026	2.8004	2040	6.22
1999	0.601	2013	1.3348	2027	2.9647	2041	6.5848
2000	0.6362	2014	1.4131	2028	3.1386	2042	6.971
2001	0.6735	2015	1.496	2029	3.3227	2043	7.3799
2002	0.713	2016	1.5837	2030	3.5175	2044	7.8128
2003	0.7548	2017	1.6766	2031	3.7239	2045	8.2711
2004	0.7991	2018	1.7749	2032	3.9423	2046	8.7562
2005	0.846	2019	1.879	2033	4.1735	2047	9.2698
2006	0.8956	2020	1.9893	2034	4.4183	2048	9.8135
2007	0.9482	2021	2.1059	2035	4.6775	2049	10.3892
2008	1.0038	2022	2.2295	2036	4.9519	2050	10.9985

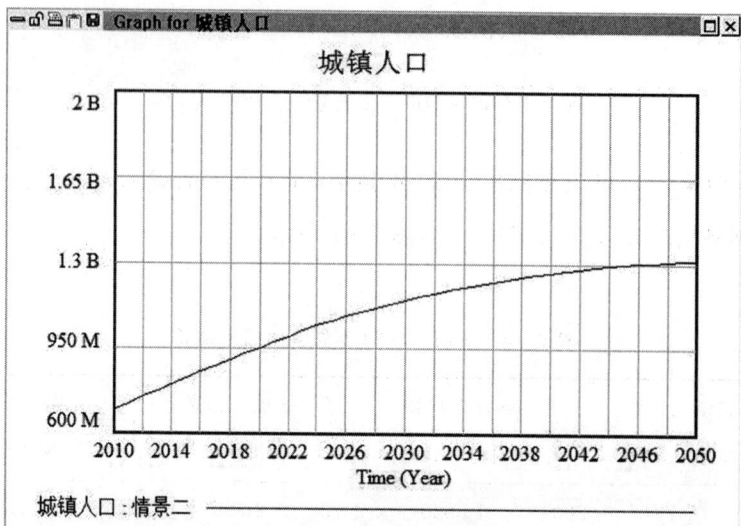

图 5－6　城镇人口预测值

图 5－7　农村人口预测值

5.1.3 城乡居民可支配收入的回归测算

1) 城镇居民人均可支配收入的回归预测

将城镇居民可支配收入与年份绘制成散点图,通过观察可以发现,数据点连接成的趋势线呈稳步上升趋势,因此考虑利用多元回归方法,对城镇居民的人均可支配收入进行预测,如图 5-8 所示。

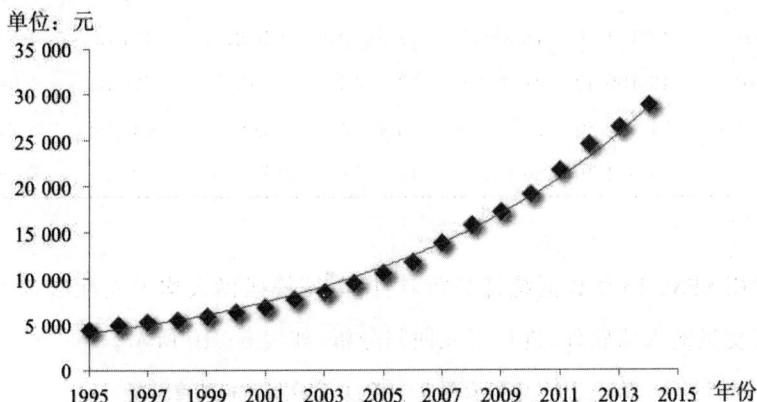

图 5-8 城镇居民人均可支配收入散点图

根据这一问题,本书所选取的相关指标如下表所示:城镇居民人均总收入(X_1)、城镇居民人均工资性收入(X_2)、城镇居民人均经营净收入(X_3)、城镇居民人均财产性收入(X_4)、城镇居民人均转移性收入(X_5)。

采用 2000—2012 年国家统计的相关数据(其中,2013 年之前的数据是国家调查员通过入户调查分别取得的)对可支配收入进行多元回归分析,如表 5-9 所示。

表 5-9 原始变量数据值

年份	Z_1	X_1	X_2	X_3	X_4	X_5
2000	6 280.00	6 295.90	4 480.50	246.20	128.40	1 440.80
2001	6 859.60	6 907.10	4 829.90	274.10	134.60	1 668.60
2002	7 702.80	8 177.40	5 740.00	332.20	102.10	2 003.20

（续表）

年份	Z_1	X_1	X_2	X_3	X_4	X_5
2003	8 472.20	9 061.20	6 410.20	403.80	135.00	2 112.20
2004	9 421.60	10 128.50	7 152.80	493.90	161.20	2 320.70
2005	10 493.00	11 320.80	7 797.50	679.60	192.90	2 650.70
2006	11 759.50	12 719.20	8 767.00	809.60	244.00	2 898.70
2007	13 785.80	14 908.60	10 234.80	940.70	348.50	3 384.60
2008	15 780.80	17 067.80	11 299.00	1 453.60	387.00	3 928.20
2009	17 174.70	18 858.10	12 382.10	1 528.70	431.80	4 515.50
2010	19 109.40	21 033.40	13 707.70	1 713.50	520.30	5 091.90
2011	21 809.80	23 979.20	15 411.90	2 209.70	649.00	5 708.60
2012	24 564.70	26 959.00	17 335.60	2 548.30	707.00	6 368.10

利用 SPSS 16.0 数据统计分析软件，令城镇居民人均可支配收入为 Z_1，将相关变量输入该软件，进行多元回归分析，如表 5 – 10 所示。

表 5 – 10　模型拟合度分析、方差分析和相关度分析

Model Summary

Model	R	R Square	Adjusted R Square	Std. Error of the Estimate	Change Statistics				
					R Square Change	F Change	df_1	df_2	Sig. F Change
1	1.000^a	1.000	1.000	59.16426	1.000	30 361.959	4	8	.000

a. Predictors：(Constant)，x_5，x_4，x_3，x_2

ANOVA^a

	Model	Sum of Squares	df	Mean Square	F	Sig.
1	Regression	425 117 206.754	4	106 279 301.688	30 361.959	$.000^b$
	Residual	28 003.279	8	3 500.410		
	Total	425 145 210.032	12			

a. Dependent Variable：$z1$

b. Predictors：(Constant)，x_5，x_4，x_3，x_2

$Coefficients^a$

Model		Unstandardized Coefficients		Standardized Coefficients	t	$Sig.$	95.0% Confidence Interval for B	
		B	Std. Error	Beta			Lower Bound	Upper Bound
1	(Constant)	1 104.445	127.538		8.660	.000	810.341	1 398.549
	x_2	.855	.056	.595	15.206	.000	.726	.985
	x_3	1.406	.227	.182	6.178	.000	.881	1.930
	x_4	2.988	.640	.104	4.667	.002	1.512	4.465
	x_5	.452	.177	.122	2.559	.034	.045	.859

a. Dependent Variable：z1

根据以上分析结果,能够得到城镇居民人均可支配收入与其他相关变量之间的关系如下：

$$Z_1 = 1104.445 + 0.855X_2 + 1.406X_3 + 2.988X_4 + 0.452X_5 \quad (5-2)$$

根据式(5-2),可以对未来城镇居民人均可支配收入进行预测。

2）农村居民人均可支配收入的回归预测

将农村居民可支配收入与年份绘制成散点图,通过观察可以发现,数据点连接成的趋势线也呈现上升趋势,考虑使用多元回归方法来对农村居民可支配收入进行预测,如图5-9所示。

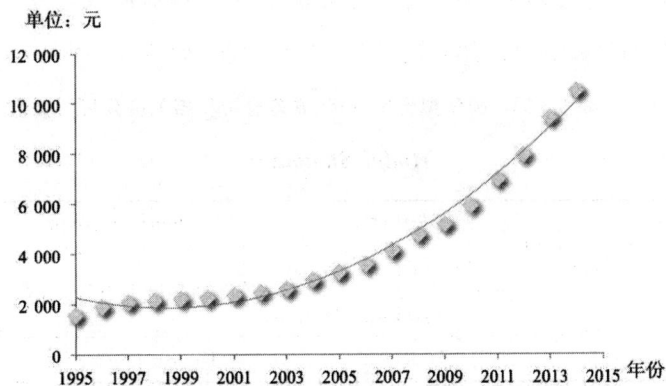

图 5-9　农村居民人均可支配收入散点图

选取指标如下:农村居民家庭人均纯收入(Y_1)、农村居民家庭人均工资性收入(Y_2)、农村居民家庭人均家庭经营纯收入(Y_3)、农村居民家庭人均财产性收入(Y_4)、农村居民家庭人均转移性收入(Y_5)。

采用1995—2012年的国家统计数据(其中,2013年以前的数据是国家通过入户调查取得的)对可支配收入的相关数值进行多元回归分析,如表5-11所示。

表5-11 原始变量数据值

年份	Z_2	Y_1	Y_2	Y_3	Y_4	Y_5
2000	987.93	1 049.32	702.30	90.14	45.00	78.80
2001	1 021.37	1 151.18	771.90	94.66	47.00	87.90
2002	1 298.34	1 362.90	840.20	99.02	50.70	98.20
2003	1 479.23	1 510.20	918.40	104.89	65.80	96.80
2004	1 518.21	1 688.08	998.50	117.46	76.60	115.50
2005	1 844.50	1 886.80	1 174.50	130.20	88.50	147.40
2006	1 931.00	2 119.87	1 374.80	143.48	100.50	180.80
2007	2 193.70	2 484.77	1 596.20	165.62	128.20	222.30
2008	2 435.60	2 844.63	1 853.70	190.42	148.10	323.20
2009	2 526.80	3 143.02	2 061.30	206.13	167.20	398.00
2010	2 832.80	3 505.57	2 431.10	236.76	202.30	452.90
2011	3 222.00	3 996.53	2 963.40	279.09	228.60	563.30
2012	3 533.40	4 493.17	3 447.50	316.66	249.10	686.70

同上所述,利用SPSS 16.0统计分析软件,令城镇居民人均可支配收入为Z_2,将相关变量输入软件,然后进行多元回归分析,如表5-12所示。

表5-12 模型拟合度分析、方差分析和相关度分析

Model Summary

Model	R	R Square	Adjusted R Square	Std. Error of the Estimate	Change Statistics				
					R Square Change	F Change	df1	df2	Sig. F Change
1	.997[a]	.995	.987	76.61556	.995	118.388	5	3	.001

a. Predictors: (Constant), y_5, y_4, y_2, y_1, y_3

ANOVA^a

	Model	Sum of Squares	df	Mean Square	F	Sig.
1	Regression	3 474 668.736	5	694 933.747	118.388	.001^b
	Residual	17 609.834	3	5 869.945		
	Total	3 492 278.571	8			

a. Dependent Variable: z_2

b. Predictors: (Constant), y_5, y_4, y_2, y_1, y_3

Coefficients^a

Model		Unstandardized Coefficients		Standardized Coefficients	t	Sig.	95.0% Confidence Interval for B	
		B	Std. Error	Beta			Lower Bound	Upper Bound
1	(Constant)	−117.921	1021.375		−.115	.915	−3368.394	3132.551
	y1	.893	.681	1.303	1.311	.281	−1.274	3.059
	y2	.160	1.353	.201	.119	.913	−4.144	4.465
	y3	4.501	21.769	.466	.207	.849	−64.777	73.780
	y4	−2.629	7.239	−.248	−.363	.741	−25.668	20.410
	y5	−2.431	2.137	−.728	−1.137	.338	−9.231	4.370

a. Dependent Variable: z_2

得到农村居民人均可支配收入与其他相关变量之间的数量关系如下：

$$Z_2 = -117.921 + 0.893Y_1 + 0.160Y_2 + 4.501Y_3 - 2.629Y_4 - 2.431Y_5 \quad (5-3)$$

根据式(5-3)，可以预测出 2015 年到 2050 年全国的城乡居民人均可支配收入，预测结果，如表 5-13 所示。

表 5-13　2015—2050 年城乡居民人均可支配收入预测值

年份	城镇居民人均可支配收入预测值（元/年）	农村居民人均可支配收入预测值（元/年）	年份	城镇居民人均可支配收入预测值（元/年）	农村居民人均可支配收入预测值（元/年）
2015	31 007	11 056	2033	102 049	60 038
2016	33 519	12 146	2034	108 070	65 955
2017	35 630	13 343	2035	114 446	72 456
2018	38 410	14 658	2036	121 198	79 597
2019	40 829	16 103	2037	128 349	87 442
2020	44 055	17 690	2038	135 922	96 060
2021	46 214	19 433	2039	143 941	105 528
2022	50 558	21 348	2040	152 434	115 929
2023	54 046	23 453	2041	161 427	127 355
2024	58 208	25 764	2042	170 951	139 907
2025	64 028	28 303	2043	181 037	153 696
2026	68 318	31 093	2044	191 719	168 844
2027	72 349	34 157	2045	203 030	185 486
2028	76 545	37 524	2046	215 009	203 767
2029	81 138	41 222	2047	227 694	223 850
2030	85 925	45 285	2048	241 128	245 913
2031	90 995	49 748	2049	255 355	270 150
2032	96 364	54 652	2050	270 421	296 776

5.1.4　全国居民可支配收入计算

"全国居民可支配收入"根据城镇居民和农村居民的人口数进行加权平均。2014 年城镇居民人均可支配收入为 28 843.85 元,城镇人口数为 74 916 万人;2014 年农村居民人均可支配收入为 10 488.88 元,乡村人口为 61 866 万人。通过加权平均法,得到 2015 年到 2050 年"全国居民可支配收入"的数值,如表 5-14 所示。

表 5 - 14　2015—2050 年全国居民可支配收入预测值

年份	全国居民人均可支配收入(元/年)	年份	全国居民人均可支配收入(元/年)
2015	23 013.68	2033	93 928.63
2016	25 246.65	2034	100 297.38
2017	27 303.30	2035	107 050.11
2018	29 850.47	2036	114 208.44
2019	32 240.58	2037	121 795.85
2020	35 234.97	2038	129 836.09
2021	37 591.53	2039	138 353.95
2022	41 513.30	2040	147 377.87
2023	44 941.44	2041	156 934.84
2024	48 934.79	2042	167 056.39
2025	54 227.63	2043	177 774.34
2026	58 522.94	2044	189 123.39
2027	62 715.98	2045	201 137.63
2028	67 116.32	2046	213 856.72
2029	71 903.91	2047	227 319.73
2030	76 928.98	2048	241 570.50
2031	82 263.47	2049	256 654.05
2032	87 924.11	2050	272 617.52

5.1.5　国民年金替代率计算

在前一小节通过对我国人口和城乡居民可支配收入的预测,得到了 2015—2050 年全国居民人均可支配收入的预测值。当前我国城乡居民养老保险缴费的最低标准为每人每年 100 元,约为国民可支配收入的 5%,因此将国民年金的月缴费标准划定为全国居民人均可支配收入的 5%。假定从 2015 年开始在全国实施城乡养老保险统筹,到 2029 年时,2015 年开始缴纳城乡居民养老保险的参保人员国民年金账户刚好缴纳满 15 年,到 2049 年时参保人员国民年金账户缴纳满 35 年。

表 5 - 15 为以人均可支配收入为基数时,国民年金替代率的计算结果。

表 5 - 15　2015—2050 年国民年金替代率

年份	缴费年限	全国居民人均可支配收入(元/年)	每月缴费额(元/月)	每月领取额(元/月)	替代率(%)
2015	1	23 013.68	95.89	8.55	0.45
2016	2	25 246.65	105.19	18.20	0.87
2017	3	27 303.30	113.76	28.93	1.27
2018	4	29 850.47	124.38	40.96	1.65
2019	5	32 240.58	134.34	54.27	2.02
2020	6	35 234.97	146.81	69.12	2.35
2021	7	37 591.53	156.63	85.32	2.72
2022	8	41 513.30	172.97	103.52	2.99
2023	9	44 941.44	187.26	123.57	3.30
2024	10	48 934.79	203.89	145.76	3.57
2025	11	54 227.63	225.95	170.64	3.78
2026	12	58 522.94	243.85	197.92	4.06
2027	13	62 715.98	261.32	227.65	4.36
2028	14	67 116.32	279.65	259.97	4.65
2029	15	71 903.91	299.60	295.13	4.93
2030	16	76 928.98	320.54	333.29	5.20
2031	17	82 263.47	342.76	374.67	5.47
2032	18	87 924.11	366.35	419.51	5.73
2033	19	93 928.63	391.37	468.03	5.98
2034	20	100 297.38	417.91	520.49	6.23
2035	21	107 050.11	446.04	577.16	6.47
2036	22	114 208.44	475.87	638.34	6.71
2037	23	121 795.85	507.48	704.32	6.94
2038	24	129 836.09	540.98	775.43	7.17

（续表）

年份	缴费年限	全国居民人均可支配收入（元/年）	每月缴费额（元/月）	每月领取额（元/月）	替代率（%）
2039	25	138 353.95	576.47	852.02	7.39
2040	26	147 377.87	614.07	934.44	7.61
2041	27	156 934.84	653.90	1 023.10	7.82
2042	28	167 056.39	696.07	1 118.39	8.03
2043	29	177 774.34	740.73	1 220.77	8.24
2044	30	189 123.39	788.01	1 330.68	8.44
2045	31	201 137.63	838.07	1 448.63	8.64
2046	32	213 856.72	891.07	1 575.14	8.84
2047	33	227 319.73	947.17	1 710.76	9.03
2048	34	241 570.50	1 006.54	1 856.08	9.22
2049	35	256 654.05	1 069.39	2 011.73	9.41
2050	36	272 617.52	1 135.91	2 178.36	9.59

根据表 5-15 的结果，假设劳动力进入劳动市场的年龄为 20 岁，当参保人参加城乡统筹养老保险满 15 年时，每月能够领到的国民年金养老金为 295.13 元，替代率为 4.93%；当参保人参加城乡统筹养老保险满 35 年时，即参保人年满 55 岁时，每月能够领到的国民年金养老金为 2 011.73 元，替代率为 9.41%。根据上表对国民年金替代率的测算，可以发现随着缴费年限的延长，城乡居民领到国民年金的替代率也在不断提高，可以推断当参保人年满 60 岁、65 岁时，国民年金替代率将达到 10% 左右。

根据往年人均可支配收入与社会平均工资之间的数量关系，可以得到历年社会平均工资为人均可支配收入的 2.5 倍，此时国民年金的政府缴费率为社会平均工资的 2%，由此能够将国民年金对社会平均工资的替代率进行折算。

表 5-16 为以社会平均工资作为基数时，国民年金替代率的计算结果。

表 5 - 16　国民年金替代率

年份	缴费年限	社会平均工资(元/年)	每月领取额(元/月)	替代率(%)
2029	15	71 903.91	295.13	1.97
2034	20	100 297.38	520.49	2.49
2039	25	138 353.95	852.02	2.96
2044	30	189 123.39	1 330.68	3.38
2049	35	256 654.05	2 011.73	3.76

　　根据上表的结果,在缴费基数为社会平均工资时,假设劳动力进入劳动市场的年龄为20岁,当财政为参保人缴纳城乡统筹养老保险满15年时,每月能够领到的国民年金养老金为295.13元,对社会平均工资的替代率为1.97%;当参保人参加城乡统筹养老保险满35年时,即参保人年满55岁时,每月能够领到的国民年金养老金为2 011.73元,对社会平均工资的替代率为3.76%。

5.2　国民年金的财政补偿测算

　　国民年金是覆盖全体国民的普惠养老的体现,国民年金的本质是把原来分散且不公平的财政合并在一起,更能够体现社会公平,而国民年金的资金来源为政府财政,因此国民年金制度可行性的判断依据为财政的支付能力。

5.2.1　支付额度预测

　　2015年到2050年国民年金的支付额度如表5-17所示。

表 5 - 17　2015—2050 年国民年金支付额度预测值

年份	居民可支配收入(元/年)	年金目标替代率(%)	人均年金发放额(元/月)	60岁开始领取		65岁开始领取	
				领取人数(万人)	发放总额(亿元/年)	领取人数(万人)	发放总额(亿元/年)
2015	23 013.68	0.45	8.55	2 236.419	1.912	1 465.453	1.253

（续表）

年份	居民可支配收入(元/年)	年金目标替代率(%)	人均年金发放额(元/月)	60 岁开始领取		65 岁开始领取	
				领取人数(万人)	发放总额(亿元/年)	领取人数(万人)	发放总额(亿元/年)
2016	25 246.65	0.87	18.20	2 322.874	4.228	1 527.989	2.781
2017	27 303.30	1.27	28.93	2 418.705	6.997	1 610.132	4.658
2018	29 850.47	1.65	40.96	2 494.757	10.219	1 686.869	6.909
2019	32 240.58	2.02	54.27	2 529.570	13.728	1 774.511	9.630
2020	35 234.97	2.35	69.12	2 575.274	17.800	1 857.034	12.836
2021	37 591.53	2.72	85.32	2 589.774	22.096	1 927.391	16.445
2022	41 513.30	2.99	103.52	2 682.189	27.766	2 006.397	20.770
2023	44 941.44	3.30	123.57	2 832.041	34.996	2 066.330	25.534
2024	48 934.79	3.57	145.76	2 944.762	42.923	2 086.922	30.419
2025	54 227.63	3.78	170.64	3 058.174	52.185	2 117.797	36.138
2026	58 522.94	4.06	197.92	3 168.122	62.703	2 118.991	41.939
2027	62 715.98	4.36	227.65	3 248.476	73.952	2 194.177	49.950
2028	67 116.32	4.65	259.97	3 374.714	87.732	2 323.481	60.404
2029	71 903.91	4.93	295.13	3 476.908	102.614	2 417.037	71.334
2030	76 928.98	5.20	333.29	3 597.649	119.906	2 510.853	83.684
2031	82 263.47	5.47	374.67	3 692.489	138.346	2 600.896	97.448
2032	87 924.11	5.73	419.51	3 779.088	158.537	2 662.487	111.694
2033	93 928.63	5.98	468.03	3 852.953	180.330	2 767.170	129.512
2034	100 297.38	6.23	520.49	3 913.269	203.682	2 848.336	148.253
2035	107 050.11	6.47	577.16	3 953.642	228.188	2 946.650	170.069
2036	114 208.44	6.71	638.34	3 984.450	254.343	3 019.725	192.761
2037	121 795.85	6.94	704.32	3 989.807	281.010	3 084.748	217.265
2038	129 836.09	7.17	775.43	4 001.787	310.311	3 137.652	243.303
2039	138 353.95	7.39	852.02	4 012.733	341.893	3 177.948	270.768
2040	147 377.87	7.61	934.44	4 013.049	374.995	3 199.817	299.004
2041	156 934.84	7.82	1023.10	4 014.518	410.725	3 212.937	328.716
2042	167 056.39	8.03	1118.39	4 037.206	451.517	3 202.393	358.152
2043	177 774.34	8.24	1220.77	4 031.028	492.096	3 198.656	390.482

（续表）

年份	居民可支配收入（元/年）	年金目标替代率（%）	人均年金发放额（元/月）	60 岁开始领取		65 岁开始领取	
				领取人数（万人）	发放总额（亿元/年）	领取人数（万人）	发放总额（亿元/年）
2044	189 123.39	8.44	1330.68	4 023.899	535.452	3 194.079	425.030
2045	201 137.63	8.64	1448.63	4 015.987	581.768	3 179.944	460.656
2046	213 856.72	8.84	1575.14	4 028.774	634.588	3 167.719	498.960
2047	227 319.73	9.03	1710.76	4 063.426	695.155	3 176.329	543.394
2048	241 570.50	9.22	1856.08	4 085.947	758.384	3 158.566	586.255
2049	256 654.05	9.41	2011.73	4 121.543	829.143	3 141.089	631.902
2050	272 617.52	9.59	2178.36	4 167.767	907.890	3 123.903	680.499

5.2.2 财政支出预测

根据我国统计年鉴数据，将 1995 年到 2014 年的国家财政支出数据整理如表 5 - 18 所示。

表 5 - 18 1995—2014 年国家财政支出

年份	国家财政支出（亿元）
1995	35 174
1996	37 304
1997	39 449
1998	41 608
1999	43 748
2000	45 906
2001	48 064
2002	50 212
2003	52 376
2004	54 283
2005	56 212
2006	58 288

（续表）

年份	国家财政支出（亿元）
2007	60 633
2008	62 403
2009	64 512
2010	66 978
2011	69 079
2012	71 182
2013	73 111
2014	74 916

首先基于灰色关联分析法，对国家财政支出进行预测。

（1）设国家财政支出数列 $x^{(0)}$ 共有 20 个观察值，

$$x^{(0)}(1), x^{(0)}(2), \cdots, x^{(0)}(20)$$

（2）对 $x^{(0)}$ 做累加生成，得到新的数列 $x^{(1)}$，其元素

$$x^{(1)}(i) = \sum_{m=1}^{i} x^{(0)}(m)(i = 1, 2, \cdots, 20)$$

（3）对数列 $x^{(1)}$，可建立预测模型的白化形式方程

$$\frac{\mathrm{d}x^{(1)}}{\mathrm{d}t} + ax^{(1)} = u$$

（4）式中 a, u 为待估计参数，设 $\hat{a}$ 为待估计参数向量，则

$$\hat{a} = \begin{bmatrix} a \\ u \end{bmatrix}$$

（5）按最小二乘法求解有

$$\hat{a} = (B^T B)^{-1} B^T y_n$$

$$B = \begin{bmatrix} -\frac{1}{2}(x^{(1)}(1) + x^{(1)}(2))1 \\ -\frac{1}{2}(x^{(1)}(2) + x^{(1)}(2))1 \\ \cdots\cdots \\ -\frac{1}{2}(x^{(1)}(19) + x^{(1)}(20))1 \end{bmatrix} \qquad (5-4)$$

$$y_n = [x^{(0)}(2), x^{(0)}(3), \cdots, x^{(0)}(20)]^T \qquad (5-5)$$

(6) 将 $\hat{a}$ 带入其微分方程式，并解微分方程，有 $GM(1,1)$ 预测模型为

$$\hat{x}^{(1)}(i+1) = \left[x^{(0)}(1) - \frac{u}{a} \right] e^{-al} + \frac{u}{a} \qquad (5-6)$$

根据以上步骤，在 Matlab 7.0 软件中进行编程运算，得到预测值图像，如图 5-10 所示。

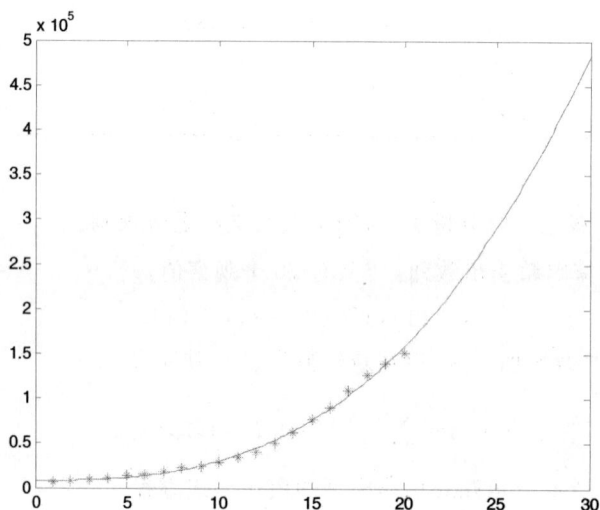

图 5-10　灰色预测模型拟合图

为保证预测的准确性，利用偏最小二乘法对我国财政支出进行再次预测，利用 Matlab 7.0 软件中进行编程运算，得到偏最小二乘法预测值拟合图像，如图 5-11 所示。

为尽量减小误差，对两种预测方法进行权重分配，

$$er_{(i)} = \frac{x^{(0)} - x^{(i)}}{x^{(0)}} \qquad (5-7)$$

$$S = \frac{1}{20} \sum er_{(i)} + \frac{1}{20} \sum Er_{(i)} \qquad (5-8)$$

$er_{(i)}$ 表示灰色预测模型预测值与实际值的残差，$Er_{(i)}$ 表示偏最小二乘法预测值与实际值的残差，S 代表两种方法预测值的总误差。

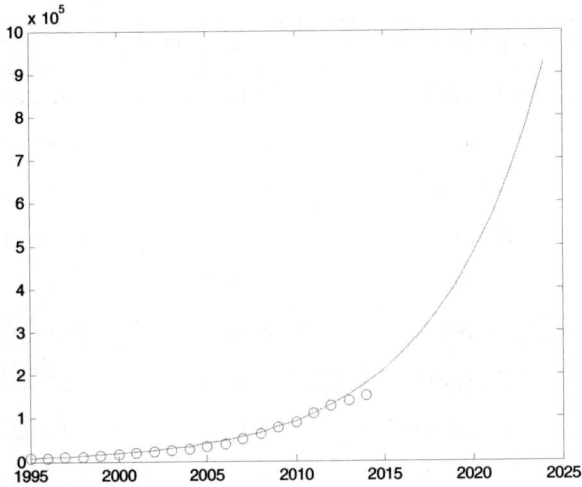

图 5 - 11　偏最小二乘法模型拟合图

$$w_{(i)} = \frac{\frac{1}{20} \sum er_{(i)}}{S} \qquad (5-9)$$

$$W_{(i)} = 1 - w_{(i)} \qquad (5-10)$$

$w_{(i)}$ 表示偏最小二乘法预测值所取得的权重，$W_{(i)}$ 表示灰色预测模型预测值所取得的相应权重。将两者权重分别与之前的预测值进行加权计算，得到我国国家财政支出的预测值，如表 5 - 19 所示。

表 5 - 19　国家财政支出预测值

年份	国家财政支出预测值（亿元/年）	年份	国家财政支出预测值（亿元/年）
2015	177 122.37	2033	2 494 675.33
2016	208 430.16	2034	2 956 950.76
2017	245 357.91	2035	3 204 888.08
2018	288 745.28	2036	3 376 691.69
2019	339 927.03	2037	3 576 530.97
2020	400 226.94	2038	3 706 053.88
2021	471 256.48	2039	3 789 291.41

（续表）

年份	国家财政支出预测值(亿元/年)	年份	国家财政支出预测值(亿元/年)
2022	554 942.57	2040	3 854 727.61
2023	653 531.19	2041	3 936 124.81
2024	769 680.18	2042	4 073 501.60
2025	838 191.67	2043	4 414 292.26
2026	910 719.93	2044	4 714 720.84
2027	1 079 480.76	2045	4 941 430.00
2028	1 279 513.78	2046	5 273 411.59
2029	1 516 613.89	2047	5 404 295.05
2030	1 797 649.80	2048	5 645 059.80
2031	1 937 057.30	2049	5 827 250.29
2032	2 104 669.80	2050	6 006 786.79

表 5-20 为政府为全体退休居民发放国民年金的数额占国家财政支出的比重。

表 5-20　国民年金支出占国家财政支出的比例

年份	国民年金支出占国家财政支出的比例 %（60 岁开始领取）	国民年金支出占国家财政支出的比例 %（65 岁开始领取）
2015	0.00096	0.00063
2016	0.00179	0.00118
2017	0.00249	0.00166
2018	0.00307	0.00208
2019	0.00348	0.00244
2020	0.00381	0.00275
2021	0.00399	0.00297
2022	0.00423	0.00316
2023	0.00450	0.00328
2024	0.00466	0.00330

（续表）

年份	国民年金支出占国家财政支出的 比例 %（60 岁开始领取）	国民年金支出占国家财政支出的 比例 %（65 岁开始领取）
2025	0.00478	0.00331
2026	0.00484	0.00324
2027	0.00482	0.00325
2028	0.00482	0.00332
2029	0.00476	0.00331
2030	0.00469	0.00327
2031	0.00456	0.00322
2032	0.00441	0.00311
2033	0.00424	0.00304
2034	0.00404	0.00294
2035	0.00381	0.00284
2036	0.00359	0.00272
2037	0.00334	0.00259
2038	0.00311	0.00244
2039	0.00290	0.00229
2040	0.00268	0.00214
2041	0.00248	0.00198
2042	0.00230	0.00182
2043	0.00211	0.00168
2044	0.00194	0.00154
2045	0.00178	0.00141
2046	0.00163	0.00129
2047	0.00151	0.00118
2048	0.00139	0.00108
2049	0.00128	0.00098
2050	0.00118	0.00089

通过预测得出的国民年金完全由国家财政承担,并且财政发放压力较小,从 2015 年开始,无论领取国民年金的年龄为 60 岁还是 65 岁,财政支出中国民年金的比例都很小,并且呈现逐年递减的趋势。整合时仅需考虑到城镇职工与城乡居民之间的再分配与公平。由于目前各地城镇职工养老保险基金统筹账户的结余差异较大,实行国民年金不需要对现有的统筹账户的结余资金进行大范围调整,因此对推进整合,推进全国统一发放的国民年金较为有利,可操作性较强。

5.3 本章小结

养老保险的城乡统筹,关键在于国家财政补偿的可承受能力,根据测算可以发现,按照社会平均工资的 2%(人均可支配收入的 5%)作为第零支柱国民年金的缴费水平,国民年金的支出额度完全在国家财政支付水平的可承受范围之内,即使是完全由国家财政负担,也不会对国家财政造成很大影响,从而可建立国民公共养老金平台。

第6章 城乡居民与城镇职工养老保险并轨的可行性分析

养老保险城乡统筹"新五支柱"模式中,"一支柱"为强制性个人账户,"二支柱"为强制性社会统筹账户,这两个支柱承担了城乡统筹养老保险制度的主要功能,也是城乡居民和城镇职工养老保险制度实现并轨的重要外在表现形式,机关事业单位与城镇职工养老保险也主要是通过这两个支柱的建立实现并轨。本章将分别对"一支柱"与"二支柱"各缴费主体的缴费能力、待遇给付标准等进行测算,从而探讨养老保险城乡统筹制度中最关键问题实现的可行性。

根据目标模式,养老保险城乡统筹的第一支柱为个人账户制,按照个人账户的责任划分,个人账户由个人缴纳养老保险费用,完全积累制。按照目前我国养老保险制度,个人账户也由个人缴纳费用,完全积累,故可以把目前的个人账户单独作为第一支柱,责任主体不变,即为个人。一方面体现了养老保险储蓄的功能,一方面也可以激发国民缴纳养老保险的积极性。

对于第二支柱,按照目标模式中设计为社会统筹,社会统筹体现了企业和社会对养老保险的社会责任。根据目前我国养老保险制度,社会统筹由企业为员工缴纳养老保险费用,责任主体为企业。目前的个人账户和社会统筹属于基础性养老保险,可以把个人和企业的责任划分开来,分别建立两个支柱的养老保险,有利于各方主体责任的明确,也有利于各支柱功能的发挥。因此,"新五支柱"养老保险的第二支柱可由目前的社会统筹部分转化而来,责任主体也不发生变化,即为企业。

6.1 第一支柱:城乡统筹养老保险居民缴费能力测算

通过以上目标模式的建立,可对我国养老保险进行城乡统筹。但对于上述模式中第一支柱,个人账户能否得到有效运用推广,城乡居民的缴费能力等仍需进一步检验。个人账户是全国统一的标准,城乡居民的缴费能力和给付水平的测算是很有必要的。由于数据的可获得性,以及长期以来社会保险政策先试先行的特点,本书利用全国统计数据,测算城乡居民的缴费能力和给付水平。

6.1.1 养老金给付测算

1) 农村居民养老金的给付下限模型

养老保险金对老年人的基本生活水平会产生直接影响,参保人员在年老之后的主要生活收入来源就是他们在年轻时缴纳的养老保险金。农村居民养老保险金给付下限水平,是指能够维持老年退休农村居民最低生活需求的保障水平,在讨论中,假定此时的最低生活水平不包含交通、住房、医疗和服装等生活需求,只包括食品支出。将农村居民家庭每年人均食品消费支出额作为农民最低生活水平标准,即个人账户给付的下限,表 6-1 为 1995—2014 年我国农村居民年人均食品消费支出额的总体情况。

表 6-1 农村每年人均食品消费支出

年份	人均食品支出(元)	年份	人均食品支出(元)
1995	768	2005	1 162
1996	886	2006	1 217
1997	890	2007	1 389
1998	850	2008	1 599
1999	829	2009	1 636
2000	821	2010	1 801
2001	831	2011	2 107

（续表）

年份	人均食品支出（元）	年份	人均食品支出（元）
2002	848	2012	2 324
2003	886	2013	255
2004	1 032	2014	2 814

为估测养老保险个人账户的给付下限是否能满足农村居民未来的最低生活需求，需对未来农村家庭人均年食品消费支出进行预测。对 1995—2014 年我国农村家庭年人均食品消费支出的数据进行回归分析，从而预测 2015—2050 我国农村家庭人均食品消费支出。

令 $C_{下限}$ 为我国农村家庭每年人均食品消费的支出，时间序列为 t，利用 SPSS 软件，对 1995 年至 2014 年的农村家庭年人均食品消费支出数据进行分析，最终得出关于我国农村家庭年人均食品消费支出 $C_{下限}$ 和 t 之间的趋势模型，并根据该趋势模型，预测我国未来农村家庭年人均食品消费支出。

将表 6-1 中的数据导入 SPSS 软件进行分析，得到相关结果，如表 6-2 所示。

表 6-2　农村居民家庭年人均食品消费支出与时间趋势相关数据

	非标准化系数		标准化系数	t	$Sig.$
	B	标准误差	$Beta$		
t	-76.121	11.481	-.838	-6.630	.000
$t^{**}2$	8.307	.587	1.787	14.148	.000
常量	965.174	47.376		20.373	.000

根据回归结果，农村家庭年人均食品消费支出 $C_{下限}$ 与时间 t 存在二次回归关系，拟合优度为 0.987，并由此得出方程：

$$C_{下限} = 965.174 - 76.121t + 8.307\ t^2 \qquad (6-1)$$

两者之间相关系数为 0.993，拟合度较好，2015 年到 2050 年间我国农村家庭年人均食品消费支出下限预测值如表 6-3 所示。

表 6 - 3　农村居民家庭年人均食品消费支出预测值

年份	人均食品支出(元)	年份	人均食品支出(元)
2015	3 030.02	2033	10 631.40
2016	3 311.10	2034	11 211.53
2017	3 608.79	2035	11 808.28
2018	3 923.10	2036	12 421.64
2019	4 254.02	2037	13 051.61
2020	4 601.56	2038	13 698.20
2021	4 965.71	2039	14 361.40
2022	5 346.47	2040	15 041.22
2023	5 743.85	2041	15 737.65
2024	6 157.84	2042	16 450.69
2025	6 588.45	2043	17 180.35
2026	7 035.67	2044	17 926.62
2027	7 499.50	2045	18 689.51
2028	7 979.95	2046	19 469.01
2029	8 477.01	2047	20 265.12
2030	8 990.69	2048	21 077.85
2031	9 520.98	2049	21 907.19
2032	10 067.88	2050	22 753.15

运用以上分析模型,预测我国未来农村家庭年人均食品消费支出,提出个人账户所设置补偿水平的最低标准。

2) 农村居民养老金的给付上限模型

个人账户所给付的上限水平是指可以维持老年基本生活需求的保障水平,这其中不包含居住、医疗等较高层次的需求,只包括食品、交通、通信和衣物等日常生活需求的支出。衡量维持老年农民基本生活水平的标准即为家庭年人均食品、交通、通信、衣着等消费支出之和,也就是个人账户养老金补偿的上限标准。

假设我国农村家庭年人均食品、交通、通信、衣着等消费支出之和为 $C_{上限}$，时间序列为 t，利用统计分析软件，分析 2003 年至 2014 年的数据，最终得到我国农村家庭年人均消费支出 $C_{上限}$ 和时间 t 之间的回归模型，并根据回归模型，预测未来农村家庭年人均食品等消费支出，如表 6-4 所示。

表 6-4　农村家庭每年人平均消费支出

年份	人均消费支出（元）	年份	人均消费支出（元）
1995	1 310	2005	2 555
1996	1 572	2006	2 829
1997	1 617	2007	3 224
1998	1 590	2008	3 661
1999	1 577	2009	3 994
2000	1 670	2010	4 382
2001	1 741	2011	5 221
2002	1 834	2012	5 908
2003	1 943	2013	5 978
2004	2 185	2014	6 716

将表 6-4 中数据输入统计分析软件 SPSS 进行分析，得到相关结果如表 6-5 所示。

表 6-5　农村居民家庭年人均食品消费支出与时间趋势相关数据

	非标准化系数		标准化系数	t	$Sig.$
	B	标准误差	$Beta$		
t	-159.762	26.510	-.614	-6.026	.000
$t^{**}2$	21.051	1.356	1.581	15.527	.000
常量	1 763.044	109.397		16.116	.000

根据回归分析的结果所知，我国农村家庭年人均食品、交通和通信、衣着等消费支出之和 $C_{上限}$ 和时间 t 存在二次曲线相关关系，拟合优度为 0.991。回归方程如下：

$$C_{上限} = 1\,763.044 - 159.762t + 21.051\,t^2 \qquad (6-2)$$

$C_{上限}$ 与 t 之间拟合度较好($R = 0.996$),并且两者间呈二次曲线趋势关系。因此,2015 年到 2050 年间我国农村家庭年人均食品消费支出上限预测结果如表 6-6 所示。

表 6-6　农村居民家庭年人均消费支出预测值

年份	人均消费支出(元)	年份	人均消费支出(元)
2015	7 691.53	2033	27 550.90
2016	8 436.96	2034	29 054.16
2017	9 224.50	2035	30 599.53
2018	10 054.13	2036	32 187.00
2019	10 925.87	2037	33 816.58
2020	11 839.71	2038	35 488.25
2021	12 795.65	2039	37 202.03
2022	13 793.69	2040	38 957.91
2023	14 833.84	2041	40 755.89
2024	15 916.08	2042	42 595.97
2025	17 040.43	2043	44 478.16
2026	18 206.88	2044	46 402.44
2027	19 415.44	2045	48 368.83
2028	20 666.09	2046	50 377.32
2029	21 958.85	2047	52 427.92
2030	23 293.71	2048	54 520.61
2031	24 670.67	2049	56 655.41
2032	26 089.73	2050	58 832.31

根据回归方程,可以测算出未来我国农村家庭年人均食品、交通和通信消费、衣着等支出之和,从而得到个人账户设置补偿的上限标准。

通过测算可得个人账户养老金平台中农村居民的给付水平,该范围的合理区间为:

$$[965.174 - 76.121t + 8.307\ t^2, 1763.044 - 159.762t + 21.051\ t^2]$$

其中 t 为时间（ $t = 1, 2, 3\cdots$）。

3）城镇居民养老金的给付下限模型

城镇居民养老保险金给付下限水平，是指能够维持老年人在退休时最低生活需求的待遇保障水平，这里假定城镇居民最低生活需求中不包含交通、住房、医疗和服装等生活需求，只包括食品支出。将城镇居民家庭每年人均食品消费支出作为城镇居民最低生活水平标准，即个人账户给付下限，表6-7为1995—2014年我国城镇居民每年人均食品消费支出。

表6-7　城镇居民每年人均食品消费支出

年份	人均食品支出（元）	年份	人均食品支出（元）
1995	1 772.0	2005	2 914.4
1996	1 904.7	2006	3 111.9
1997	1 942.6	2007	3 628.0
1998	1 926.9	2008	4 259.8
1999	1 932.1	2009	4 478.5
2000	1 971.3	2010	4 804.7
2001	2 014.0	2011	5 506.3
2002	2 271.8	2012	6 040.9
2003	2 416.9	2013	6 311.9
2004	2 709.6	2014	6 440.3

为估测养老保险个人账户的给付下限是否能满足城镇居民未来的最低生活需求，需预测未来城镇居民人均年食品消费支出。利用统计软件对1995—2014年我国城镇居民年人均食品消费支出的数据进行回归分析，根据结论预测2015—2050年我国城镇居民人均食品消费支出的额度。

令 $C_{下限}$ 为我国城镇居民年人均食品消费的支出，时间序列为 t，利用SPSS软件，分析1995年至2014年城镇居民年人均食品消费支出的数据，从而得到我国城镇居民年人均食品消费支出 $C_{下限}$ 和 t 之间的趋势模型，并根据此模型,预测我国未来城镇居民每年人均食品消费支出。

将表6-7中数据导入 SPSS 软件中进行分析,得到的结果如表6-8所示。

表6-8 城镇居民家庭年人均食品消费支出与时间趋势相关数据

	非标准化系数		标准化系数	t	$Sig.$
	B	标准误差	$Beta$		
t	-132.531	20.176	$-.516$	-6.569	.000
$t^{**}2$	19.583	1.032	1.492	18.979	.000
常量	2053.774	83.257		24.668	.000

回归分析后得出,我国城镇居民家庭年人均食品消费支出 $C_{下限}$ 与时间 t 存在二次曲线趋势关系,拟合优度为 0.995,并由此得出方程:

$$C_{下限} = 2\,053.774 - 132.531t + 19.583\,t^2 \qquad (6-3)$$

$C_{下限}$ 与 t 之间具有较高的相关系数($R = 0.997$),拟合度较好。那么 2015—2050 年,城镇居民家庭年人均食品消费支出下限如表6-9所示。

表6-9 城镇居民家庭年人均食品消费支出预测值

年份	人均食品支出(元)	年份	人均食品支出(元)
2015	7 036.99	2033	23 737.02
2016	7 668.47	2034	24 995.95
2017	8 334.82	2035	26 289.73
2018	9 036.03	2036	27 618.38
2019	9 772.09	2037	28 981.88
2020	10 543.01	2038	30 380.24
2021	11 348.79	2039	31 813.45
2022	12 189.42	2040	33 281.53
2023	13 064.91	2041	34 784.46
2024	13 975.26	2042	36 322.25
2025	14 920.47	2043	37 894.90
2026	15 900.54	2044	39 502.40

（续表）

年份	人均食品支出（元）	年份	人均食品支出（元）
2027	16 915.46	2045	41 144.77
2028	17 965.24	2046	42 821.99
2029	19 049.88	2047	44 534.07
2030	20 169.38	2048	46 281.00
2031	21 323.74	2049	48 062.80
2032	22 512.95	2050	49 879.45

根据以上回归方程,可预测未来我国城镇居民家庭每年在食品消费支出的平均值,即对养老金个人账户中,补偿城镇居民最低额度。

4）城镇居民养老金给付上限的模型

个人账户中的给付上限指能够维持老年居民基本生活需求的保障水平,这一保障水平不包含居住、医疗等较高层次的需求,只包含食品、交通、通信和衣物等日常生活需求的支出。因此,这里我们以家庭每年人均支出食品、交通、通信、衣着等费用之和作为衡量维持城镇居民老年基本生活水平的标准,即个人账户养老金补偿的上限标准。

假设我国城镇居民每年人均食品、交通、通信、衣着等消费支出之和为 $C_{上限}$,t 为时间序列,通过分析 2003 年至 2014 年的相关数据,得到我国城镇居民年人均消费支出 $C_{上限}$ 和时间 t 之间的回归模型,并根据回归模型预测未来城镇居民年人均食品等消费支出,如表 6 - 10 所示。

表 6 - 10　城镇居民家庭每年人平均消费支出

年份	人均消费支出（元）	年份	人均消费支出（元）
1995	2 434.4	2005	4 711.6
1996	2 631.8	2006	5 160.8
1997	2 696.4	2007	6 027.4
1998	2 665.0	2008	6 842.8
1999	2 725.1	2009	7 445.3

（续表）

年份	人均消费支出(元)	年份	人均消费支出(元)
2000	2 898.8	2010	8 232.7
2001	3 004.7	2011	9 330.7
2002	3 488.7	2012	10 319.8
2003	3 775.7	2013	12 730.9
2004	4 240.0	2014	13 977.7

将表 6 - 10 中数据输入统计分析软件 SPSS 进行回归分析,相关结果如表 6 - 11 所示。

表 6 - 11　城镇居民家庭年人均食品消费支出与时间趋势相关数据

	非标准化系数		标准化系数	t	$Sig.$
	B	标准误差	$Beta$		
t	- 198.199	21.289	- .418	- 9.310	.000
$t^{**}2$	33.948	1.089	1.401	31.180	.000
常量	2 829.290	87.852		32.205	.000

可知全国城镇居民每年在食品、衣着、交通和通信等消费的平均消费支出 $C_{上限}$ 与时间 t 存在着二次相关关系,拟合优度为 0.998。由此得出下列方程:

$$C_{上限} = 2\ 829.290 - 198.199\,t + 33.948\,t^2 \qquad (6-4)$$

C 上限与 t 之间拟合度较好($R = 0.999$),2015—2050 年全国城镇居民家庭年人均食品消费支出上限如表 6 - 12 所示。

表 6 - 12　城镇居民家庭年人均消费支出预测值

年份	人均消费支出(年)	年份	人均消费支出(年)
2015	14 038.18	2033	46 734.44
2016	14 899.74	2034	49 218.13
2017	16 229.21	2035	51 769.72

（续表）

年份	人均消费支出（年）	年份	人均消费支出（年）
2018	17 626.56	2036	54 389.20
2019	19 091.82	2037	57 076.59
2020	20 624.96	2038	59 831.86
2021	22 226.01	2039	62 655.04
2022	23 894.95	2040	65 546.10
2023	25 631.79	2041	68 505.07
2024	27 436.52	2042	71 531.93
2025	29 309.15	2043	74 626.69
2026	31 249.67	2044	77 789.34
2027	33 258.10	2045	81 019.89
2028	35 334.41	2046	84 318.33
2029	37 478.63	2047	87 684.68
2030	39 690.73	2048	91 118.91
2031	41 970.74	2049	94 621.05
2032	44 318.64	2050	98 191.07

根据回归方程所得的结论，可预测出未来城镇居民每年在食品、衣着、交通和通信消费上的平均支出，继而得出个人账户对城镇居民设置补偿的上限标准。

城镇居民个人账户给付水平的范围所在区间为：

$$[2\,053.774 - 132.531\,t + 19.583\,t^2, 2\,829.290 - 198.199\,t + 33.948\,t^2]$$

将农村居民与城镇居民个人账户给付水平区间表示如图 6-1。

根据图 6-1，可以发现表示农村居民个人账户给付上限与城镇居民个人账户给付下限存在共同区间，因此在个人账户养老金平台中，将农村居民个人账户支付上限和城镇居民个人账户给付下限作为给付标准，并可以根据年个人账户养老金给付额得到个人账户缴费额、缴费率和个人账户养老金给付水平的替代率。

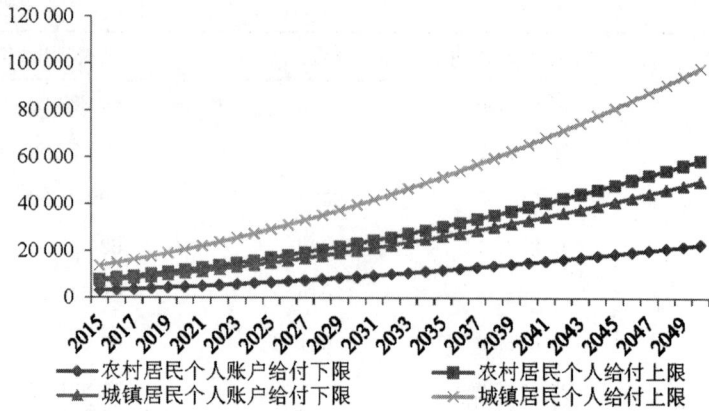

图 6-1 城乡居民个人账户给付水平区间示意图

　　假设年记账利率为银行活期利率,保持 3.25% 不变,那么为了维持城乡居民基本的养老保险需求,个人账户养老金实行累积制,具体测算数据如表 6-13 所示。

表 6-13　2015—2050 年个人账户养老金领取额、替代率、缴费率

年份	缴费年限	每月领取额(元/月)		替代率(%)		缴费率(%)	
		下限	上限	下限	上限	下限	上限
2015	1	586.42	658.89	12.75	14.47	6.78	7.70
2016	2	639.04	718.02	12.65	14.42	6.73	7.67
2017	3	694.57	780.41	12.73	14.51	6.77	7.72
2018	4	753.00	846.07	12.63	14.44	6.72	7.68
2019	5	814.34	914.99	12.63	14.49	6.72	7.71
2020	6	878.58	987.17	12.48	14.33	6.64	7.62
2021	7	945.73	1 062.62	12.58	14.51	6.69	7.72
2022	8	1 015.79	1 141.33	12.25	14.15	6.52	7.53
2023	9	1 088.74	1 223.31	12.13	14.03	6.45	7.46
2024	10	1 164.61	1 308.55	12.85	13.80	6.84	7.34
2025	11	1 243.37	1 397.05	12.39	14.47	6.59	7.70

（续表）

年份	缴费年限	每月领取额（元/月）		替代率（%）		缴费率（%）	
		下限	上限	下限	上限	下限	上限
2026	12	1 325.04	1 488.81	12.23	14.33	6.51	7.62
2027	13	1 409.62	1 583.84	12.60	14.26	6.70	7.59
2028	14	1 497.10	1 682.14	12.49	14.19	6.64	7.55
2029	15	1 587.49	1 783.70	12.38	14.08	6.59	7.49
2030	16	1 680.78	1 888.52	12.24	13.96	6.51	7.43
2031	17	1 776.98	1 996.60	12.10	13.82	6.44	7.35
2032	18	1 876.08	2 107.95	11.96	14.84	6.36	7.89
2033	19	1 978.08	2 222.57	11.79	14.70	6.27	7.82
2034	20	2 083.00	2 340.44	11.65	14.54	6.20	7.73
2035	21	2 190.81	2 461.59	11.48	14.38	6.11	7.65
2036	22	2 301.53	2 585.99	11.28	14.21	6.00	7.56
2037	23	2 415.16	2 713.66	12.52	14.03	6.66	7.46
2038	24	2 531.69	2 844.59	12.32	14.45	6.55	7.69
2039	25	2 651.12	2 978.79	12.12	14.81	6.45	7.88
2040	26	2 773.46	3 116.25	11.96	14.61	6.36	7.77
2041	27	2 898.71	3 256.97	11.76	14.42	6.26	7.67
2042	28	3 026.85	3 400.96	11.56	14.79	6.15	7.87
2043	29	3 157.91	3 548.21	11.37	14.50	6.05	7.71
2044	30	3 291.87	3 698.73	12.54	14.32	6.67	7.62
2045	31	3 428.73	3 852.51	12.35	14.45	6.57	7.69
2046	32	3 568.50	4 009.55	12.15	14.34	6.46	7.63
2047	33	3 711.17	4 169.86	11.96	14.83	6.36	7.89
2048	34	3 856.75	4 333.43	12.46	14.63	6.63	7.78
2049	35	4 005.23	4 500.26	12.94	14.39	6.88	7.65
2050	36	4 156.62	4 670.36	12.74	14.87	6.78	7.91

从 2015—2050 年个人账户养老金领取额、替代率、缴费率的表中可以得出,缴费满 35 年后,满足城乡居民基本生活需求的个人账户基金给付待遇区间为 4 005.23 元到 4 500.26 元,对应的替代率分别为 12.94% 到 14.39%,缴费率分别为 6.88% 到 7.65%。

6.1.2 养老保险基金的个人缴费测算

假定个人账户养老金的个人缴费为上一年度人均可支配收入的 5%,利用 1995 年到 2014 年居民人均可支配收入的相关数据,预测 2015 年到 2050 年的可支配收入,继而计算出个人账户的缴费金额,如表 6-14 所示。

表 6-14 居民缴纳个人账户养老金情况

年份	缴费金额(元)		年份	缴费金额(元)	
	缴费下限	缴费上限		缴费下限	缴费上限
2015	3 958.35	4 402.52	2033	16 155.72	17 968.55
2016	4 342.42	4 829.68	2034	17 251.15	19 186.89
2017	4 696.17	5 223.12	2035	18 412.62	20 478.69
2018	5 134.28	5 710.39	2036	19 643.85	21 848.07
2019	5 545.38	6 167.62	2037	20 948.89	23 299.55
2020	6 060.41	6 740.45	2038	22 331.81	24 837.64
2021	6 465.74	7 191.26	2039	23 796.88	26 467.11
2022	7 140.29	7 941.49	2040	25 348.99	28 193.39
2023	7 729.93	8 597.30	2041	26 992.79	30 021.63
2024	8 416.78	9 361.23	2042	28 733.70	31 957.89
2025	9 327.15	10 373.75	2043	30 577.19	34 008.23
2026	10 065.95	11 195.44	2044	32 529.22	36 179.30
2027	10 787.15	11 997.57	2045	34 595.67	38 477.63
2028	11 544.01	12 839.35	2046	36 783.36	40 910.79
2029	12 367.47	13 755.22	2047	39 098.99	43 486.26
2030	13 231.78	14 716.51	2048	41 550.13	46 212.44
2031	14 149.32	15 737.00	2049	44 144.50	49 097.92
2032	15 122.95	16 819.88	2050	46 890.21	52 151.73

利用前一小节对城乡居民消费水平的区间预测,结合表 5-8 中城乡人口的比例情况测算,可以得到城乡居民平均消费水平,测算结果如表 6-15 所示。

表 6-15　城乡居民平均消费水平

年份	人均消费支出(元)	年份	人均消费支出(元)
2015	11 255.71	2033	43 026.40
2016	12 398.37	2034	45 496.67
2017	13 612.19	2035	48 040.93
2018	14 897.66	2036	50 658.93
2019	16 255.44	2037	53 350.40
2020	17 686.06	2038	56 115.16
2021	19 189.74	2039	58 952.95
2022	20 767.14	2040	61 863.53
2023	22 418.31	2041	64 846.55
2024	24 143.74	2042	67 901.78
2025	25 943.43	2043	71 028.97
2026	27 817.72	2044	74 227.83
2027	29 766.62	2045	77 498.08
2028	31 790.14	2046	80 839.41
2029	33 888.33	2047	84 251.63
2030	36 061.06	2048	87 734.41
2031	38 308.50	2049	91 287.57
2032	40 630.29	2050	94 910.76

将个人缴纳个人账户养老金的上限和下限与人均纯收入做比较,可以得到个人缴费额占纯收入的百分比,计算结果如表 6-16 所示。

表 6 - 16　个人缴费额占纯收入比重

年份	人均纯收入(元)	个人缴费额所占比例(%)	
		下限	上限
2015	30 390.41	13.03	14.49
2016	33 475.61	12.97	14.43
2017	36 752.92	12.78	14.21
2018	40 223.68	12.76	14.20
2019	43 889.68	12.63	14.05
2020	47 752.37	12.69	14.12
2021	51 812.29	12.48	13.88
2022	56 071.28	12.73	14.16
2023	60 529.43	12.77	14.20
2024	65 188.11	12.91	14.36
2025	70 047.26	13.32	14.81
2026	75 107.84	13.40	14.91
2027	80 369.88	13.42	14.93
2028	85 833.38	13.45	14.96
2029	91 498.50	13.52	15.03
2030	97 364.87	13.59	15.11
2031	103 432.94	13.68	15.21
2032	109 701.80	13.79	15.33
2033	116 171.28	13.91	15.47
2034	122 841.02	14.04	15.62
2035	129 710.52	14.20	15.79
2036	136 779.11	14.36	15.97
2037	144 046.07	14.54	16.18
2038	151 510.95	14.74	16.39
2039	159 172.95	14.95	16.63
2040	167 031.52	15.18	16.88
2041	175 085.67	15.42	17.15
2042	190 124.97	15.11	16.81

（续表）

年份	人均纯收入（元）	个人缴费额所占比例（%）	
		下限	上限
2043	198 881.12	15.37	17.10
2044	207 837.92	15.65	17.41
2045	232 494.24	14.88	16.55
2046	242 518.24	15.17	16.87
2047	252 754.88	15.47	17.20
2048	263 203.23	15.79	17.56
2049	273 862.72	16.12	17.93
2050	284 732.29	16.47	18.32

可以看到，2015 年人均缴纳个人账户养老保险金为人均纯收入的 13.03%～14.49%，在未来三十几年里保持着稳步缓慢增长的状态，到 2050 年为 16.47%～18.32%。由于人均纯收入和社会平均工资的增长速度都比较平稳，相对比较平衡，因此以上年度社会平均工资的 6.88%～7.65%作为个人缴费率是比较合理的，对应的替代率分别为社会平均工资的 12.94%～14.39%。

由于个人账户养老保险金旨在为参保者的基本生活提供最低保障，在缴费率上应该充分考虑到城乡居民的经济可承受能力。根据以上测算，个人账户基金设置的补偿水平介于人均消费支出上下限之间，因此可以满足最城乡居民最基本的生活消费。

6.2　第二支柱：企业缴费率和替代率测算

我国当前各个企业的养老保险金缴费率为职工总工资的 20%，并全部纳入社会统筹。下面以人口和经济状况变化为分析前提，对企业养老保险金最优缴费率进行测算。

6.2.1 最优缴费率模型及测算

1) 确定在职人员和政府的目标函数模型与最优缴费率

假设在经济模型中存在三个主体,分别为在职人员、退休人员和政府。其中,退休人员不是独立的行为主体,需要政府代表其基本利益。在职人员只关心自身利益,其最终目标是实现生命周期效用的最大化;而政府关心的是在职人员与退休人员两者间的利益,而其最终目标则是实现社会福利最大化。综上所述,最优缴费率即为同时实现在职人员生命周期效用与政府社会福利最大化的缴费率。

(1) 在职人员的目标函数模型。

首先应当明确:参加养老保险的在职人员在工作时期的消费为扣除企业社会统筹缴费与个人账户缴费之后的剩余部分,而退休期间的消费则是社会统筹养老金与个人账户养老金之和。且企业缴纳的社会统筹部分的财务模式为现收现付制,即由在职人员直接供养同期退休人员,为此,我们将利用交叠世代模型对该情况进行分析。假设个体劳动者一生中存在着工作期和退休期两个时期,即第一时期为工作期,第二时期为退休期。社会统筹养老金的函数表达式如下所示:

$$S_t = \mu(1+n)(1+g)\hat{w}_t \qquad (6-5)$$

其中,t 期为个体在职人员的养老金水平,社会统筹缴费率是 μ,每代人的有效劳动增长率为 $(1+n)(1+g)$,t 期的社会平均工资为:

个人账户养老金的函数表达式如下:

$$O_t = \delta(1+r_{t-1})w_{t-1} \qquad (6-6)$$

其中,个人账户缴费率为 δ,则 $t-1$ 期的利率水平是 r_{t-1},$t-1$ 期的个人工资是 w_{t-1}。

t 期个体在职者消费的公式可表示为:

$$Q_{t,1} = \{(1-\mu-\delta)w_t L_t\} \qquad (6-7)$$

出生时期为 t,j $(j=1,2)$ 表示工作或退休状态,$Q_{t,1}$ 表示 t 期个体在职人员的消费,L_t 为 t 期个体在职人员的有效劳动,$Q_{t+1,2}$ 代表 t 期个体在职人

员在 $t+1$ 期退休时的消费,根据式(6-1)和式(6-2)能够推导出:

$$Q_{t+1.2} = \{\mu(1+n)(1+g)\hat{w}_{t+1} + \delta(1+r_t)w_t\}L_t \qquad (6-8)$$

效用函数是消费水平的单调递增函数,且是严格的凹函数,因此 t 期个体在职人员的生命周期效用为:

$$U_t = U_1(Q_{t,1})\varepsilon U_2(Q_{t+1,2}) \qquad (6-9)$$

工作期效用为 U_1,退休期效用为 U_2,在职人员未来效用的贴现因子为 ε。假设在职人员有权限选择本人个人账户的缴费率,这种情况下,在职人员的目标函数可以理解为:在企业社会统筹缴费率确定的条件下,能够实现在职人员生命周期效用的最大化所采取的个人账户缴费率。

(2)设定政府的目标函数模型。

政府按照社会统筹缴费率向在职人员收取养老保险费用,并按照现收现付制的原则将保险费转化为养老金,发放给已经退休的人员。由于政府有责任兼顾在职人员和退休人员双方的利益,因此,其目标函数既体现退休人员的效用,也体现在职人员的效用。假设政府对二者的关心程度一致,那么实现其效用最大化就是实现了社会福利的最优。

因此,退休人员个人在 t 期的消费函数为:

$$Q_{t,2} = \{\mu(1+n)(1+g)w_t + \delta(1+r_{t-1})w_{t-1}\}L_{t-1} \qquad (6-10)$$

用 N_{t-1} 表示 $t-1$ 期的人口,N_t 表示 t 期的人口,可以得到政府的目标函数:

$$G_t = N_t\{U_1(Q_{t,1}) + \varepsilon U_2(Q_{t+1,2})\} + N_{t-1}U_2(Q_{t,2}) \qquad (6-11)$$

当 δ 已知,同时已经给出其他各个变量的条件下,最优的企业缴费率 μ 能够使得政府实现社会福利最大化目标。

2)最优企业社会统筹费率

(1)资本存量、工资和利率。

假设生产函数为柯布-道格拉斯($Cobb\text{-}Douglas$)型,即:$Y_t = C_t^\rho N_t^{\rho-1}$,资本产出弹性为 ρ,则劳动与资本的边际产量分别为工资与利率:

$$w_t = (1-\rho)c_t^\rho;r_t = \rho c_t^{\rho-1} \qquad (6-12)$$

假设各时期的个人账户全部转移到下一期资本当中,N_t 为 t 期的人口,

P_t 表示 t 期的资本存量，t 期单个在职人员的有效劳动为 Lt，此时得到 t 期的资本存量表示如下：

$$C_t = L_{t-1} N_{t-1} w_{t-1} \delta \qquad (6-13)$$

根据式(6-9)，可推导出 t 期单位有效劳动的资本存量为以下式：

$$c_t = \frac{C_t}{N_t L_t} = w_{t-1} \delta / (1+n)(1+g) \qquad (6-14)$$

(2) 在职人员与政府目标函数最大化条件下的最优缴费率。

根据上述分析，得到以下结论：在职人员实现其生命周期效用最大化时应当选择 δ，政府在实现社会福利最大化目标时应该选择 μ。用政府目标函数最大化对 μ 的一阶求导可以得到企业的最优缴费率。

在职人员生命周期效用最大化对 δ 的一阶条件为：

$$\frac{\partial U_1}{\partial \delta} = U'_{t,1}(-wL_t) + \varepsilon U'_{t+1,2}(1+r)wL_t = 0 \qquad (6-15)$$

政府目标函数最大化对 μ 的一阶条件为：

$$\frac{\partial W_t}{\partial \mu} = N_t U'_{t,1}(-wL_t) + N_t \varepsilon U'_{t+1,2}(1+n)(1+g)wL_t$$
$$+ N_{t-1} U'_{t,2}(1+n)(1+g)wL_{t-1} = 0 \qquad (6-16)$$

假设效用函数为：

$$U(Q) = \ln Q \qquad (6-17)$$

联立以上各公式，解得企业最优缴费率 μ 的表达式为：

$$\mu = \frac{1+\varepsilon(1+n)}{1+(1+\varepsilon)(1+n)} \cdot \left\{ 1 - \frac{\rho}{1-\rho} \cdot \frac{(1+\varepsilon)(1+n)(1+g)}{(1+g)[1+\varepsilon(1+n)-\varepsilon]-\varepsilon} \right\}$$
$$(6-18)$$

根据式(6-14)，得出企业最优社会统筹缴费率 μ 与资本产出弹性 ρ、人口增长率 n、贴现因子 ε、有效劳动增长率 g 等参数相关。因此可以根据设定参数值得出 μ 值，从而最大化地实现个人效用和社会福利。

3) 设定最优企业缴费率的参数

(1) 设定资本产出弹性 ρ。

根据柯布—道格拉斯生产函数的相关计算模式，对我国近 20 年工业企业的工资和资本支出进行回归,从而得到劳动要素和资本要素两者的贡献率,如表 6 - 17 所示。

表 6 - 17　我国企业劳动力、资本支出估计表

年份	职工工资	投资	总产值	年份	职工工资	投资	总产值
1996	6 893	12 006	36 173	2005	12 292	29 667	83 750
1997	7 324	13 092	35 968	2006	13 921	32 963	98 910
1998	6 935	15 369	33 621	2007	16 689	38 706	119 686
1999	7 290	15 948	35 571	2008	19 488	48 705	143 950
2000	7 745	16 504	40 554	2009	21 863	69 693	146 630
2001	8 515	17 607	42 408	2010	24 886	83 317	185 861
2002	9 138	18 877	45 179	2011	28 955	82 495	221 036
2003	9 912	21 661	53 408	2012	32 950	96 220	236 772
2004	11 038	25 028	70 229	2013	33 360	109 850	249 493

将函数进行对数变换,得到的回归函数如下所示:

$$\ln Y = -1.252 + 1.496\ln N - 0.159\ln C$$

$$R_2 = 0.990 \quad F = 785.466 \, (P = 0.000)$$

根据回归方程和我国经济发展的现状,将企业的资本产出弹性 ρ 设置为 0.30。

(2) 设定有效劳动增长率 g 等其他参数。

①设定有效劳动增长率 g。

将有效劳动增长率 g 设置成城镇年均劳动增长率。2005—2014 年城镇就业人数及年均劳动增长率如表 6 - 18 所示。

表 6 - 18　2005—2014 年城镇就业人口劳动增长情况

年份	城镇就业人数(万人)	年均劳动增长率(%)
2005	28 389	4.02
2006	29 630	4.37
2007	30 953	4.47

（续表）

年份	城镇就业人数（万人）	年均劳动增长率（%）
2008	32 103	3.72
2009	33 322	3.80
2010	34 687	4.10
2011	35 914	3.54
2012	37 102	3.31
2013	38 240	3.07
2014	39 310	2.80

根据表格中的相关数据,得出我国有效劳动增长率在 2.80% 到 4.02% 之间,因此将有效劳动增长率设为 $g = 3.4\%$。

②设定贴现因子 ε。

贴现因子 ε 与利率 r 密切相关,两者之间的关系为,通过整理,得到了中国金融机构法定一年期存款利率,如表 6-19 所示。

表 6-19　一年期存款利率

日期	一年期存款利率（%）
2008-12-23	2.25
2010-12-26	2.75
2011-07-07	3.50
2012-07-06	3.00
2014-11-22	2.75
2015-10-24	1.50

我国的经济形势稳中有进,与此同时,我国的资本市场也在不断地成熟,利率也趋于稳定,因此,将利率 r 设定为 2%。

为了计算方便,假设在职人员进入劳动市场的年龄为 20 岁,退休年龄为 60 岁,工作期为 40 年,即最大缴费期 n 也为 40 年,设置贴现因子 ε 值。当 $r = 2\%$,贴现因子 ε 为:

$$\varepsilon = \frac{1}{(1 + 2\%)^{40}} = 45\%$$

（3）设定人口增长率 n。

在 1987 年以前，我国人口自然增长率保持上升趋势，1987 年达到 16.61‰。此后由于计划生育政策的实施，我国人口自然增长率开始持续下降。整理近几年我国人口自然增长率，如表 6-20 所示。

表 6-20　近几年人口自然增长率

年份	人口自然增长率(‰)
2005	5.89
2006	5.28
2007	5.17
2008	5.08
2009	4.87
2010	4.79
2011	4.79
2012	4.95
2013	4.92
2014	5.21

根据表 6-20 的数据并结合我国当前所实施的"全面二孩"政策，将我国人口增长率 n 设定为 5‰。

如果将基准确定为社会平均工资，则企业的最优缴费率为 26.40%。但是结合我国当前经济发展形势，即我国已经进入"新常态"情况，如果我国企业依旧按照理论模型得到的缴费率进行养老金的缴纳，不难看出，企业将面临十分沉重的经济压力。在测算中得出私营企业的缴费能力较之国有企业、外资企业等要弱许多，而私营企业在推动我国社会主义市场经济中有着不可或缺的地位，因此我们要充分考虑到小微型企业的缴费可承担能力。

我国目前企业对养老保险金的缴费率为 20%，为保持制度的连续性，可以继续采取社会平均工资的 20% 作为企业养老保险金的缴费标准，而前文计算得出的最优缴费率为 26.4%，可以考虑由国家财政出面兜底。为保持养老保险金社会统筹部分的总体缴费水平不变,将我国企业养老保险金缴费率设定为社会平均工资的20%,由国家缴纳社会平均工资的6.4%。下面将对国家财政缴纳企业年金的可行性进行论证。首先对国家历年对社会保障的财政支出占总支出的比重进行计算,可以发现国家对社会保障事业的财政支出近年来都稳定在10%左右,如表6-21所示。

表6-21 近几年社会保障支出占国家财政支出的比例

年份	国家财政支出实际值(亿元/年)	国家财政社会保障支出(亿元/年)	社会保障支出占国家财政总支出的百分比(%)
2007	49 781.35	5 447.16	10.94
2008	62 592.66	6 804.29	10.87
2009	76 299.93	7 606.68	9.97
2010	89 874.16	9 130.62	10.16
2011	109 247.79	11 109.4	10.17
2012	125 952.97	12 585.52	9.99
2013	140 212.1	14 490.54	10.33
2014	151 661.54	15 968.85	10.53

计算思路为:按社会平均工资的6.4%,计算政府对第一支柱的缴费支出,继而得到政府对社会统筹基金缴费占国家财政支出的百分比,如表6-22所示。

表6-22 未来社会保障支出占国家财政支出的比例

年份	国家财政支出实际值(亿元/年)	国家财政统筹基金支出(亿元/年)	统筹基金支出占国家财政比重(%)	年份	国家财政支出实际值(亿元/年)	国家财政统筹基金支出(亿元/年)	统筹基金支出占国家财政比重(%)
2015	177 122.37	4 764.32	2.69	2033	2 494 675.33	36 206.71	1.45
2016	208 430.16	5 281.49	2.53	2034	2 956 950.76	38 694.68	1.31
2017	245 357.91	5 768.59	2.35	2035	3 204 888.08	41 334.54	1.29

（续表）

年份	国家财政支出实际值（亿元/年）	国家财政统筹基金支出（亿元/年）	统筹基金支出占国家财政比重（%）	年份	国家财政支出实际值（亿元/年）	国家财政统筹基金支出（亿元/年）	统筹基金支出占国家财政比重（%）
2018	288 745.28	6 365.65	2.20	2036	3 376 691.69	44 137.63	1.31
2019	339 927.03	6 934.72	2.04	2037	3 576 530.97	47 115.15	1.32
2020	400 226.94	7 638.86	1.91	2038	3 706 053.88	50 277.44	1.36
2021	471 256.48	8 208.26	1.74	2039	3 789 291.41	53 638.66	1.42
2022	554 942.57	9 903.53	1.78	2040	3 854 727.61	57 210.68	1.48
2023	653 531.19	10 713.38	1.64	2041	3 936 124.81	53 823.66	1.37
2024	769 680.18	13 210.81	1.72	2042	4 073 501.60	57 370.13	1.41
2025	838 191.67	15 804.11	1.89	2043	4 414 292.26	61 126.20	1.38
2026	910 719.93	19 654.53	2.16	2044	4 714 720.84	65 101.10	1.38
2027	1 079 480.8	21 127.64	1.96	2045	4 941 430.00	69 303.12	1.40
2028	1 279 513.8	25 690.05	2.01	2046	5 273 411.59	73 740.64	1.40
2029	1 516 613.9	27 580.02	1.82	2047	5 404 295.05	78 422.25	1.45
2030	1 797 649.8	29 556.47	1.64	2048	5 645 059.80	83 358.93	1.48
2031	1 937 057.3	31 647.70	1.63	2049	5 827 250.29	88 559.62	1.52
2032	2 104 669.8	33 861.35	1.61	2050	6 006 786.79	94 035.97	1.57

据表 6-22 可知,国家财政如果按照社会平均工资的 6.4% 为国民缴纳统筹基金,未来三十多年统筹基金支出占国家财政总支出的比重将稳定在 2% 左右。我国当前的国情是社会保障的财政支出占国家财政总支出的比例约为 10%,这意味着国家有能力且有实力为国民的社会统筹基金进行财政补贴,因此,将现阶段的社保补贴转化为社会统筹账户缴费基金的方式是可行的。

6.2.2 企业替代率测算

通过对企业缴费率的测算,可知企业缴费率为 20%,当企业连续为职工缴费满 35 年时,职工每月领取统筹账户养老金的替代率约为人均可支配收入的 25.2%,如表 6-23 所示。

$$\sum_1^n A_2 = (\sum_1^{n-1} A_2 + R_2 * D) * (1 + r) \qquad (6-19)$$

$$a_2 = \frac{\sum_1^n A_2}{139} \qquad (6-20)$$

$$S_2 = \frac{a_2 * 12}{D} \qquad (6-21)$$

式中:n 为统筹账户养老金缴纳的年限数量;

A_2 为统筹账户养老金累计存储额,$\sum_1^n A_2$ 为至第 n 年底统筹账户养老金累计存储额;

R_2 为统筹账户养老金缴费率,D 为社会平均工资,r 为第 n 年的记账利率;

A_2 为统筹账户养老金账户月领养老金;

S_2 为统筹账户养老金的实际替代率。

表 6-23 统筹养老金账户企业缴费替代率测算

缴费年限(年)	月缴费率(%)	月缴费额(元)	基本养老金累计存储额(元)	月领养老金(元)	实际替代率(%)
15	20	1 198.40	164 092.28	1 180.52	19.72
20	20	1 671.64	28 392.44	2 081.96	24.92
25	20	2 305.88	473 723.12	3 408.08	29.56
30	20	3 152.04	739 858.08	5 322.72	33.76
35	20	4 277.56	1 118 521.88	8 046.92	37.64

表 6-23 的含义为:不考虑通货膨胀和工资增长率的影响,企业为城镇职

工按照社会平均工资的 20% 缴纳基本养老保险金,连续参加养老保险满 35
年,最早退休年龄为 55 岁的养老保险参保人,基本养老保险企业缴费账户中
的累计存储额将达到 1 118 521.88 元,每个参保人每个月可以领取 8046.92
元养老金,此时统筹账户养老保险金的实际替代率约为 37.64%。

政府同样承担第一支柱的缴费责任,在以上的讨论中,政府缴费率为
6.4%,根据上述公式同样能够推导出政府交纳社会统筹养老金的替代率,替
代率计算结果如表 6-24 所示。

表 6-24　统筹养老金账户政府缴费替代率测算

缴费年限(年)	月缴费率(%)	月缴费额(元)	基本养老金累计存储额(元)	月领养老金(元)	实际替代率(%)
15	6.4	383.49	52 509.53	377.77	6.31
20	6.4	534.92	92 605.58	666.23	7.97
25	6.4	737.88	151 591.40	1 090.59	9.45
30	6.4	1 008.65	236 754.59	1 703.27	10.80
35	6.4	1 368.82	357 927.00	2 575.01	12.05

表 6-24 的含义为:不考虑通货膨胀和工资增长率的影响,政府为城镇职
工按照社会平均工资的 6.4% 缴纳基本养老保险金,连续参加养老保险满 35
年,最早退休年龄为 55 岁的养老保险参保人,基本养老保险政府缴费账户中
的累计存储额将达到 357 927.00 元,每个参保人每个月可以领取 2 575.01 元
养老金,此时统筹账户养老保险金的实际替代率约为 12.05%。

6.3　本章小结

(1)事业单位工作人员的养老保险制度由于起步时间较晚,必然需要大
量的转制成本。①如果该制度的转制成本由自身筹资体系承担,无论我国是
否延迟退休年龄,其在 2015—2050 年间均出现当期入不敷出(当期赤字或收
支缺口)。②如果我国未延迟退休年龄,由财政负担 85.46% 的转制成本,该

制度在 2050 年及以前不出现累计赤字。③如果我国延迟退休年龄,由财政负担 45.76% 的转制成本,该制度在 2050 年及以前同样不出现累计赤字。④在未解决转制成本问题前,该制度不宜与城镇职工基本养老保险制度合并,如果很好解决转制成本问题,两项制度的合并将带来益处。⑤以上结论均通过敏感性测试,结论很稳健。只要解决机关事业单位工作人员养老保险制度的转制成本问题,该制度在 2050 年及以前具备财务可持续性,可以支付老人、中人和新人的养老金。

(2)第一支柱为强制性的个人缴费,可由现有个人缴费部分直接转化而来,且设计的第一支柱可以满足国民的基本生活,同时,通过测算,全体国民基本能够承担起缴费的比例,替代率可达到 12.94%～14.39%。

(3)第二支柱为强制性的企业缴费,可由现行的社会统筹部分转化而来,且不增加目前企业的缴费比例,通过测算,替代率也可达到 12.05%。

第7章 "第三支柱"城乡企业年金制度的可持续性分析

企业年金作为养老保险城乡统筹模式中的"第三支柱",取决于企业与职工自愿选择是否参加,企业年金作为一种补充性质的养老保险,主要功能是保障人们未来的老年生活水平不会下降,从需求方面对企业年金缴费率的适度性判断。企业年金的收益会对人们未来的老年生活水平产生影响,所以可以用衡量未来老年生活水平的指标来衡量企业年金缴费率是否保障了人们的未来老年生活。本书所研究的城乡企业年金不是传统意义上的城镇职工企业年金,随着农业生产由分散式到集中式的转变,传统的以单个家庭为单位的农业生产方式逐渐向家庭农场过渡,国民不再以户籍或者身份来区分,农业生产作为一种职业,农民也是从事农业生产的工人。本章基于这样的背景,研究城乡企业年金制度的可持续性。

"第三支柱"的城乡企业年金是一种在强制实施的基本养老保险制度之外,企事业单位结合自身状况和实际需求建立的补充性养老保险制度。企业年金的建立是为了进一步保障和提高职工的退休收入水平。在我国的现实实践中,按实施对象的不同,第三支柱养老保险模式有企业职业年金和事业单位职业年金之分。

具体来说,企业年金由单位为主建立和缴费,个人为辅,缴费模式为DC型。它的保障对象是所有的在职人员,机关事业单位和企业的在职职工均应在其中。由于企业年金为在企业为员工缴纳社会保险之外所缴纳的补充性养老保险,由企业和个人共同承担。

根据目标模式设计的城乡企业年金是由全体国民都可缴纳,属于非强制性的补充养老保险,责任主体为企业和个人。城乡企业年金可分为两类人群,一类是在职人员,一类是居民。在职人员缴费可由企业和个人缴纳,居民可由个人和集体组织共同缴纳。

7.1 企业缴费能力测算

7.1.1 测算思路

企业社保缴费水平受到企业的利润以及劳动报酬支出的影响。由于我国劳动报酬不仅仅是单位工资,我们要对劳动报酬进行合理的测算,进而分析企业的实际利润水平和社保缴费能力。

第一步,测算企业劳动报酬占企业产出的比例。我们假设在 Cobb-Douglas 生产函数 $Y = AL^{\alpha}K^{\beta}$ 中,每个劳动者所获得的边际报酬与劳动者的边际产出是相同的。分析可得劳动者报酬支出占企业产出的份额 E 为:

$$E = \frac{\partial Y}{\partial L} * \frac{L}{Y} = \alpha \qquad (7-1)$$

第二步,测算企业利润。企业产出 = 劳动者报酬 + 税金及管理费用 + 固定资产折旧 + 企业利润,企业利润占产出的比重 P 可以由下式给出:

$$P = I - E - D - T \qquad (7-2)$$

其中,D 为固定资产折旧占产出的比重,T 代表税金及管理费用占产出的比重。

第三步,测算企业最高的社保缴费能力。假设企业的年度利润扣除继续生产投资以外,其余全部缴纳社会保险。用 I 表示企业的扩大再生产投资占产出的比重。可知企业能够承担的社会保险最高费率为:

$$C_{max}^{`} = \frac{P - I}{E} \qquad (7-3)$$

第四步,测算企业年金的最高缴费率。社保费用包括基本养老保险费、基本医疗保险费、工伤保险费、失业保险费,企业能够缴纳的企业年金最高缴费率为:

$$C_{2max} = C_{max} - C_1 - C_3 - C_4 - C_5 \qquad (7-4)$$

7.1.2 数据来源及回归分析

本书参考《中国工业经济统计年鉴(2015)》,包括国有、民营、外企及上市公司等经济指标的年度数据。其中,国有企业包括国有及国有控股企业、外资企业包括港澳台企业。并选取工业增加值作为 Y,固定资产净值作为 K,从业人口平均数作为 L,另外,固定资产折旧选取本年度固定资产折旧指标,税金和管理费用等于主营业务税金及附加、本年度应缴增值税与管理费用加和。

首先对柯布—道格拉斯生产函数模型进行线性化处理,即对式(7-1)两端取对数,可得:

$$\ln Y = \ln A + \alpha \ln L + \beta \ln K \qquad (7-5)$$

第二,运用四类企业的数据进行回归分析,得到如下结果,如表 7-1 所示。

表 7-1 不同类型企业的回归结果

企业类型	lnA	lnL	lnK	F 值	R^2
国有企业	0.658 ***	0.298 ***	0.689 ***	410.49	0.978
	(0.005)	(0.007)	(0.001)	(0.0002)	
私营企业	0.895 ***	0.499 ***	0.492 ***	710.91	0.965
	(0.0008)	(0.0001)	(0.0002)	(0.0001)	
外资企业	0.29 **	0.291 ***	0.691 **	561.36	0.961
	(0.013)	(0.001)	(0.015)	(0.0002)	
股份制企业	0.593 **	0.229 ***	0.773 **	379.91	0.976
	(0.022)	(0.003)	(0.031)	(0.0003)	

分析上表数据我们可以发现,四类企业的数据对回归方程的拟合均好,方程调整后的可决系数 R^2 分别为 0.978,0.965,0.961,0.976,在 5% 的置信水平下通过显著性检验,这表明模型符合要求。继续分析上表数据,我们发现,

四类企业对企业产出增加值用于劳动报酬支出由大到小依次排列为：私营企业（45%）、外资企业（32%）、国有企业（28%）、股份制企业（24%）。

7.1.3 企业缴费能力测算分析

进一步分析企业利润与企业产出之间的比例关系，我们利用《中国工业经济统计年鉴（2015）》中企业产出增加值、税金及管理费用及固定资产折旧数据，然后结合模型计算 P，结果如表 7 - 2 所示。

表 7 - 2 不同类型企业的实证回归结果

企业类型	劳动者薪酬比例	税金及管理费用比例	固定资产折旧比例	利润水平比例
国有企业	0.28	0.33	0.19	0.20
私营企业	0.45	0.25	0.08	0.22
外资企业	0.32	0.29	0.15	0.24
股份制企业	0.24	0.36	0.14	0.26

根据我国在 2014 年的总资本形成率，其中国家投资占到 4%，企业本年度存货增加值为 6%，扣除这两个部分得到企业本年度固定资本形成率是 38%，也就是企业年度固定资本投资将占到企业利润的 38%。则企业剩余的 62% 是企业最大的社会保险缴纳额度。由式（7 - 3）可得企业的最高缴费率，测算结果如表 7 - 3 所示。

表 7 - 3 不同类型企业可以负担的社会保险最高缴费率

企业类型	劳动者薪酬比例	下年投资比重	社保缴费比重	最高缴费率
国有企业	0.28	0.07	0.11	0.358
私营企业	0.45	0.06	0.13	0.262
外资企业	0.32	0.08	0.16	0.491
股份制企业	0.24	0.10	0.15	0.507

目前，我国企业需要交纳的社会保险费包括基本养老保险费、基本医疗

保险费、失业保险费、工伤保险费,用企业可以负担的最高社会保险缴费率扣除现有政策需缴纳的实际缴费率可得企业可负担的企业年金最高缴费率,由式(7-4)计算可得的结果如表7-4所示。

表 7-4 不同类型企业可以负担的企业年金最高缴费率

企业类型	基本养老保险缴费率	基本医疗保险缴费率	失业保险缴费率	工伤保险缴费率	企业年金最大缴费率
国有企业	0.20	0.06	0.02	0.005 - 0.02	0.058~0.073
私营企业	0.20	0.06	0.02	0.005 - 0.02	0.000
外资企业	0.20	0.06	0.02	0.005 - 0.02	0.191~0.206
股份制企业	0.20	0.06	0.02	0.005 - 0.02	0.207~0.222

分析上表数据我们可以发现,上述不同形式的企业所能够负担企业年金缴费能力从大到小依次排列为:股份制企业(0.207~0.222)、外资企业(0.191~0.206)、国有企业(0.058~0.073)、私营企业(0)。目前,社会保险对于相当多的私营企业来说已经超出承受范围,对于企业年金的承受能力基本没有。深入剖析上述结果的原因,我们可以发现以下几点:首先,我国的私营企业绝大多数仍处在产业链的最低端,集中在劳动密集产业,而这些企业中劳动报酬支出占到企业增加值高达45%,这直接导致企业无力承担更高的企业年金缴费,因此我们得出私营企业年金缴费能力为0。其次,我们分析国有企业的缴纳能力位于中间位置,这是因为我国的国有企业承担的税赋比较重,对于企业年金的缴纳能力不足。最后,分析外资企业和股份制企业,可以发现,这两种形式的企业一般处于技术密集型和资本密集型的产业,不仅劳动者报酬支出所占比例较小,而且国家对这类企业采取鼓励政策,减弱了这些企业的税务负担,因此,其对于企业年金的缴费能力比较高。

结合对我国企业年金替代率的测算,由于企业年金在"新五支柱"养老保险社会统筹模式中对于提高在职人员未来退休后的养老待遇水平具有重要的意义。综合考虑各类型企业的缴费能力,私营企业缴费能力最弱。

根据我国2014年统计数据,得到城乡国有企业、私营企业、外资企业与股份制企业的从业人数分别为 6 871 万人、9 857 万人、2 955 万人和 8 191 万人,根据各企业类型的从业人数能够得到这四类企业从业人数的比重分别为24.65%、35.36%、10.60%和29.39%,根据各类型企业从业人数的所占比例对企业能够缴纳企业年金的最高缴费率进行加权平均,计算得到企业的平均最高缴费率为10.51%。

因此,可以将企业缴纳企业年金的缴费率定为社会平均工资的0%到10.51%之间,若以人均可支配收入作为基数,那么企业年金缴费率为0%到26.28%。重新对企业职工领取年金的替代率进行计算,可以得到企业年金对社会平均工资的替代率为0%到19.76%。

7.2 个人缴费能力测算

企业年金缴纳费用是由企业和个人共同承担但是全部进入个人账户。因此,我们分析企业年金缴纳水平的同时,个人缴纳费率要控制在职工本人的承受范围以内。

劳动力的全部收入主要有两个流向,一方面用来即期消费,另一方面将剩余部分用于储蓄。因此我们在确定企业职工的缴费额度是要在劳动力储蓄额度以内,否则,企业年金费用的缴纳将影响现期消费,拉低其生活水平,从而增加职工的生活压力。综上所述,我们确定企业年金的个人费用缴纳要通过职工自愿性储蓄来实现。

7.2.1 相关数值的分析

城市居民的储蓄与居民的可支配收入和人均消费支出息息相关,同时,可支配收入和人均日常收入与时间有一定的相关性。以下是根据中国统计年鉴整理的各个指标随时间的变化,如表 7 - 5 所示。

表 7 - 5　居民人均可支配收入与人均消费支出①

年份	居民人均可支配收入(元)	居民家庭人均消费支出(元)
2000	6 280.0	4 998.0
2001	6 859.6	5 309.0
2002	7 702.8	6 029.9
2003	8 472.2	6 510.9
2004	9 421.6	7 182.1
2005	10 493.0	7 942.9
2006	11 759.5	8 696.6
2007	13 785.8	9 997.5
2008	15 780.8	11 242.9
2009	17 174.7	12 264.6
2010	19 109.4	13 471.5
2011	21 809.8	15 160.9
2012	24 564.7	16 674.3
2013	26 955.1	18 022.6
2014	28 844.0	19 968.0

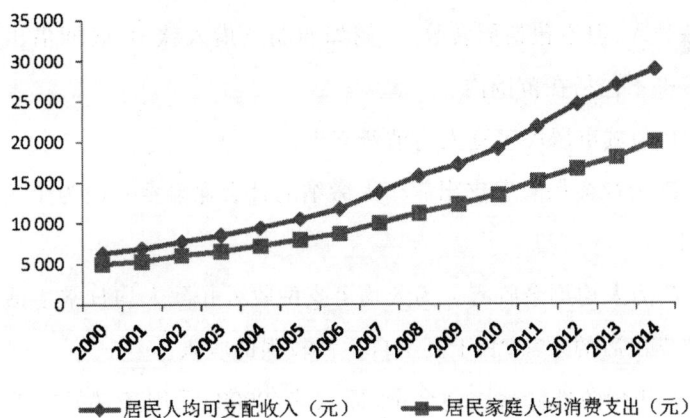

图 7 - 1　居民人均可支配收入与人均消费支出

---

① 数据来源:中国统计年鉴 2001—2015。

从图 7-1 我们可以看出,居民的人均可支配收入和家庭人均消费支出都呈现出明显的增长趋势,但是可支配收入的增长趋势要陡峭于人均消费支出的曲线,这就充分说明人均可支配收入的增长速度是快于人均消费支出的,也就使得人均剩余收入(也可以理解为储蓄)的绝对值越来越高,可供个人自由使用的资金越来越宽松,这就为个人缴费能力的肯定提供了佐证,但是具体的缴费能力还要展开具体的测算。

7.2.2 个人缴费能力的测算

1) 数据说明和假设

运用全国居民人均可支配收入、人均日常生活支出/人均消费支出、缴纳社会保险费的平均支出等数据,分析可支配收入减去日常支出/人均消费支出和缴纳社会保险费后,剩余资金中的预防性储蓄和预防性储蓄与名义工资的比重来判断个人企业年金的缴费能力。

(1) A 为人均可支配收入。在对城镇职工的收入水平进行衡量时,没有使用"城镇居民人均工资收入"这项指标,这是由于职工的工资收入有一部分是用来家庭赡养支出,可支配收入这一指标更加客观、合理。城镇居民家庭可支配收入是指城镇居民家庭的名义现金收入,包括经常或固定得到的收入和一次性收入,但不包括周转收入,例如向朋友借入款项、收回借出款及其他暂收款等都不包括在范围内。

(2) B 为城市居民家庭人均消费支出。

(3) D 为社会保险费支出。个人缴纳的社会保险费一般为个人可支配收入的20%。

(4) E 为人均剩余收入。为人均可支配收入扣除人均日常生活支出和社会保险费支出后的余额,属于员工自主性较强的收入。

(5) F 为预防性储蓄。刘金全、邵欣炜(2003)采用条件异方差(ARCH)模型,通过分析我国居民的耐用消费品和非耐用消费品的消费序列,得出在我国储蓄行为当中,预防性储蓄动机是显著存在的,并且通过计算,得出在整个储蓄增加中大约20%是出自预防性储蓄动机。所以我们通过人均剩余收入乘以 20% 来计算。

（6）G 为预防性储蓄率。即预防性储蓄占城市居民人均工资收入的比重,缴费能力测算（$G1$）：

预防性储蓄/人均可支配收入 =（城市居民家庭可支配收入 - 城镇居民家庭人均日常生活支出 - 城镇居民社会保险费支出）×20%/人均可支配收入

2）预测的数据分析和结论

如表 7-6 所示结果,个人的缴费能力是随着时间的变化而变动,更确切地说是随着经济的不断发展而不断变动的,所以,企业的个人预防性储蓄率的发展是动态的,是一个不断变动的过程,我们可以对企业个人的缴费能力进行趋势预测。

表 7-6 企业年金个人负担能力测算表

年份	A_1（元）	B_1（元）	$D_1 = A_1 \times 20$ %（元）	$E_1 = A_1 - B_1 - D_1$（元）	$F_1 = E_1 \times 0.2$（元）	$G_1 = F_1 / A_1$（%）
2000	3 711.82	2 892.13	742.36	77.33	15.47	0.42
2001	4 058.53	3 165.19	811.71	81.63	16.33	0.40
2002	4 518.9	3 474.35	903.78	140.77	28.15	0.62
2003	4 993.22	3 794.56	998.64	200.02	40.00	0.80
2004	5 644.62	4 271.61	1 128.92	244.09	48.82	0.86
2005	6 366.56	4 871.49	1 273.31	221.76	44.35	0.70
2006	7 210.93	5 430.87	1 442.19	337.87	67.57	0.94
2007	8 566.6	6 332.25	1 713.32	521.03	104.21	1.22
2008	9 938.94	7 223.54	1 987.79	727.61	145.52	1.46
2009	10 964.6	7 991.89	2 192.92	779.79	155.96	1.42
2010	12 507.56	8 922.07	2 501.51	1 083.98	216.80	1.73
2011	14 581.96	10 317.26	2 916.39	1 348.31	269.66	1.85
2012	16 668.52	11 567.85	3 333.70	1 766.97	353.39	2.12
2013	18 583.73	12 741.93	3 716.75	2 125.05	425.01	2.29

7.2.3 个人缴费能力的预测分析

运用 SPSS16.0 统计软件包,根据前面测算的 2000—2013 年的数据,采用时间序列预测方法,对个人预防性储蓄率进行预测[1]。

将上面测算出来的个人预防性储蓄数据输入软件,进行曲线估计。因变量 y 为个人预防性储蓄额,自变量为时间序列 2000—2013 年。根据上面的数据,画散点图,得到以下结果,如表 7-7、图 7-2 所示。

表 7-7 个人预防性储蓄曲线回归模型汇总

Dependent Variable:预防性储蓄

Equation	Model Summary					Parameter Estimates			
	R $Square$	F	df_1	df_2	$Sig.$	$Constant$	b_1	b_2	b_3
Linear	.859	72.935	1	12	.000	− 81.594	29.272		
Logarithmic	.595	17.628	1	12	.001	− 98.983	131.673		
Inverse	.294	5.006	1	12	.045	204.214	− 285.328		
Quadratic	.991	581.580	2	11	.000	46.678	− 18.830	3.207	
Cubic	.996	893.617	3	10	.000	7.622	7.915	− 1.101	.191
Compound	.987	940.982	1	12	.000	11.834	1.299		
Power	.887	94.199	1	12	.000	7.558	1.338		
S	.584	16.847	1	12	.001	5.207	− 3.345		
Growth	.987	940.982	1	12	.000	2.471	.261		
Exponential	.987	940.982	1	12	.000	11.834	.261		
Logistic	.987	940.982	1	12	.000	.085	.770		

The independent variable is 年份.

---

[1] 数据来源:上文测算结果。

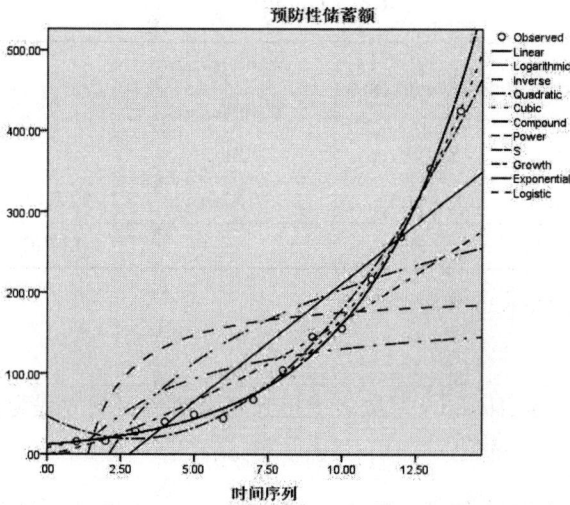

图 7-2 个人预防性储蓄曲线回归模型汇总

根据上面的分析可知,Compound 曲线拟合程度非常高。

表 7-8 拟合优度检验、方差分析和相关分析

Model Summary

R	R Square	Adjusted R Square	Std . Error of the Estimate
.994	.987	.986	.128

The independent variable is 年份.

ANOVA

	Sum of Squares	df	Mean Square	F	Sig .
Regression	15.56	1	15.526	940.982	.000
Residual	.198	12	.016		
Total	15.724	13			

The independent variable is 年份.

Coefficients

	Unstandardized Coefficients		*Standardized Coefficients*	*t*	*Sig.*
	B	Std. Error	Beta		
年份	1.299	.011	2.701	117.422	.000
（Constant）	11.834	.858		13.791	.000

The dependent variable is ln(预防性储蓄).

所以我们从 Coefficients 系数表中得到复合曲线回归方程为：

$$y = 11.834 \times 1.299^x$$

因此，把历年预防性储蓄率数据，代入 Compound 曲线回归方程，就可得出未来几年的个人预防性储蓄，再通过个人预防性储蓄的值与人均可支配收入之比得到个人适度缴费率的预测值。

预测结果如表 7-9 所示。

表 7-9 居民预防性储蓄、储蓄率预测表

年份	预防性储蓄预测值（元）	预防性储蓄率预测值（%）	年份	预防性储蓄预测值（元）	预防性储蓄率预测值（%）
2014	474.52	2.31	2033	5 482.85	5.84
2015	558.20	2.43	2034	6 147.34	6.13
2016	642.98	2.55	2035	6 889.29	6.44
2017	730.12	2.67	2036	7 717.47	6.76
2018	838.15	2.81	2037	8 641.68	7.10
2019	950.52	2.95	2038	9 672.76	7.45
2020	1 090.74	3.10	2039	10 822.71	7.82
2021	1 221.88	3.25	2040	12 105.03	8.21
2022	1 416.82	3.41	2041	13 534.51	8.62
2023	1 610.51	3.58	2042	15 127.79	9.06
2024	1 841.29	3.76	2043	16 903.27	9.51

（续表）

年份	预防性储蓄预测值（元）	预防性储蓄率预测值（%）	年份	预防性储蓄预测值（元）	预防性储蓄率预测值（%）
2025	2 142.47	3.95	2044	18 881.49	9.98
2026	2 427.78	4.15	2045	21 085.00	10.48
2027	2 731.81	4.36	2046	23 539.24	11.01
2028	3 069.66	4.57	2047	26 272.17	11.56
2029	3 453.06	4.80	2048	29 315.14	12.14
2030	3 879.10	5.04	2049	32 702.85	12.74
2031	4 355.49	5.29	2050	36 473.76	13.38
2032	4 887.96	5.56			

从上述结论可以看出，总体上来说，未来几年个人的负担能力随着经济水平的发展而不断提高，可见企业年金的发展规模还亟待进一步的挖掘。在目前的测算中，可以将企业年金的个人的缴费率定为社会平均工资的 1%（可支配收入的 2.5%），与企业缴费相加得到企业年金对社会平均工资的替代率将在 0%～21.64%（可支配收入的 0%～58.81%）。

7.3　本章小结

针对企业职工的企业年金制度可以为有职业的城乡参保人员提供一定水平的养老保障，由于企业年金需要由参保职工及其所在企业两个主体进行缴费，根据柯布—道格拉斯生产函数对不同类型行业进行缴费率测算，得到 0 到 10.51% 是企业缴纳企业年金的基本费率，通过对个人缴费能力的测算，得到个人可负担的缴费率水平会随着经济水平的提高而不断提升，企业年金的发展水平也拥有较大的提升空间。

第8章 城乡统筹养老保险路径与对策建议

我国多种不同类型的养老保险制度经过整合以后，基本养老保险制度框架趋于完善。其中，职工基本养老保险制度覆盖了我国各类的从业人员，机关事业单位养老保险制度则包含了我国的公职人员，而城乡居民养老保险制度覆盖了城乡中收入较低的群体。在经济发展水平较低的情况下，我国通过多层次的制度安排解决了基本养老保障制度全民覆盖的问题，但目前的制度安排仍然存在不同群体待遇差距大、养老保障层次单一等问题。因此，应随着经济和社会的不断发展，建立起统一的多层次的养老保障体系，达到逐步缩小各群体之间待遇差距的目标。

8.1 目标模式

8.1.1 责任分担框架

对多层次养老保障体系"新五支柱"的框架进行统一，促进城乡居民、城镇职工和机关事业单位人员的养老保险制度并轨，积极采取做实个人账户、适度调整费率和推进企业年金发展的措施，是我国成功建立起"新五支柱"城乡统筹养老保障制度的有效途径。根据前面几章的讨论，得到我国城乡统一多层次养老保障制度的基本结构和责任分担框架如下表所示，表8-1的缴费率与替代率基数为社会平均工资，表8-2的缴费率替代率基数为人均可支配收入。

表 8-1　城乡统筹养老保障制度基本结构(基数为社会平均工资)①

制度支柱	制度类型	资金来源	管理主体	替代率(%)	缴费率(%) 个人	缴费率(%) 企业	缴费率(%) 政府	基数
第零支柱	最低保障	国家财政	政府	3.76			2	社会平均工资
第一支柱	强制性个人账户	个人缴费	政府	12.94~14.39	6.88~7.65			社会平均工资
第二支柱	强制性社会统筹	单位缴费、集体补贴	政府	49.69		20	6.4	社会平均工资
第三支柱	企业年金	单位、个人缴费	市场	0~21.64(弹性区间)	1	0~10.51(弹性区间)		社会平均工资
第四支柱	个人储蓄、商业保险等	服务	市场	—	—	—	—	社会平均工资
小计				66.39~67.84		20		8.4
小计				0~21.64(弹性区间)	7.88~8.65	0~10.51(弹性区间)		8.4
总计				66.39~89.48	7.88~8.65	20~30.51		8.4

　　根据我国目前养老保险缴费标准,个人总体缴费率为 12%(其中,基础养老保险缴费率为 8%,企业年金缴费率为 4%),企业总体缴费率为 28%(其中,对基础养老保险缴费率为 20%,对企业年金缴费率为 8%)。"新五支柱"模式中,个人总体缴费率为 7.88%~8.65%(其中,对第二支柱强制性个人账户缴费率为 6.88%~7.65%,对第三支柱企业年金缴费率为 1%),缴费率水平略低于目前的 12%;企业总体缴费率为 20%~30.51%(其中,对第一支柱

① 由于"四支柱"是个人储蓄与商业保险,属于个人和市场行为,本书不作测算;"—"表示不计算。表 8-2 同此。

强制性社会统筹缴费率为 20%；对第三支柱企业年金属于强制性缴费，企业根据经营状况，可选择不同水平的缴费率，弹性区间的最高线为 10.51%），企业缴费率水平也与目前的 28% 相近。总体能够实现的替代率水平区间为 66.39%～89.48%，比目前的水平有所提高，如表 8-2 所示。

表 8-2　城乡统筹养老保障制度基本结构（基数为居民可支配收入）

制度支柱	制度类型	资金来源	管理主体	替代率（%）	缴费率（%）			基数
					个人	企业	政府	
第零支柱	最低保障	国家财政	政府	9.41			5	居民可支配收入
第一支柱	强制性个人账户	个人缴费	政府	32.35～35.98	17.20～19.13			
第二支柱	强制性社会统筹	单位缴费、集体补贴	政府	124.08		50	16	
第三支柱	企业年金	单位、个人缴费	市场	0～58.81（弹性区间）	2.5	0～26.28（弹性区间）		
第四支柱	个人储蓄、商业保险等	服务	市场	—	—	—	—	
小计				165.84～169.47	19.70～21.63	50	21	
				0～58.81（弹性区间）		0～26.28（弹性区间）		
总计				165.84～228.28	19.70～21.63	50～76.28	21	

8.1.2　替代率水平

"新五支柱"养老保险城乡统筹模式中各支柱的缴费率和替代率水平如下：

（1）零支柱由政府按照社会平均工资的 2%（人均可支配收入的 5%）为全体国民缴纳国民年金，折算后的替代率为社会平均工资的 3.76%（人均可支配收入的 9.41%）。

（2）第一支柱由参保个人按照社会平均工资的 6.88%～7.65%（人均可支配收入的 17.20%～19.13%）缴纳强制性个人账户基金，折算后的替代率为社会平均工资的 12.94%～14.39%（人均可支配收入的 32.35%～35.98%）。

（3）第二支柱由企业按照社会平均工资的 20%（人均可支配收入的 50%）为员工缴纳强制性社会统筹基金，政府按照社会平均工资的 6.4%（人均可支配收入的 16%）为在职人员缴纳强制性社会统筹基金，折算后的替代率为社会平均工资的 49.69%（人均可支配收入的 124.08%）。

（4）第三支柱是作为养老保险的补充部分，由企业及职工自愿缴纳，因此缴费率与替代率具有弹性。由企业按照社会平均工资的 0～10.51%（人均可支配收入的 0%～26.28%）为员工缴纳企业年金，企业职工个人按照社会平均工资的 1%（人均可支配收入的 2.5%）为自身缴纳社会年金，折算后的替代率为社会平均工资的 0%～21.64%（人均可支配收入的 0%～58.81%）。

（5）综合来看，在"新五支柱"城乡养老保险统筹模式下，个人的缴费率为社会平均工资的 6.88%～7.65%，若选择缴纳企业年金，那么个人缴费率为社会平均工资的 7.88%～8.65%；企业的强制性缴费率为社会平均工资的 20%（人均可支配收入的 50%），若企业选择缴纳企业年金，则缴费率另外还有 0 到 10.51% 的弹性；政府的缴费率为社会平均工资的 8.4%（人均可支配收入的 21%），整个"新五支柱"城乡养老保险统筹模式的确定性替代率为社会平均工资的 66.39%～67.84%，此外选择缴纳企业年金的参保者养老金总替代率将为社会平均工资的 66.39%～89.48%。

总体看来，"新五支柱"养老保险城乡统筹制度的可持续性可以通过对我国国家财政对整个保障系统所投入的资金占国家财政总支出的比重进行衡量。根据前文的相关测算，现将国家未来三十年的养老保险金投入值与未来财政支出值进行比例计算。计算结果如表 8-3 所示。

表 8 - 3 政府养老金投入占国家财政支出的比例

年份	国家财政支出实际值（亿元/年）	国家财政养老保险基金支出（亿元/年）	养老投入占国家财政比重（%）	年份	国家财政支出实际值（亿元/年）	国家财政养老保险基金支出（亿元/年）	养老投入占国家财政比重（%）
2015	177 122.37	8 661.49	4.89	2033	2 494 675.33	65 823.43	2.64
2016	208 430.16	9 601.70	4.61	2034	2 956 950.76	70 346.53	2.38
2017	245 357.91	10 487.24	4.27	2035	3 204 888.08	75 145.76	2.34
2018	288 745.28	11 572.68	4.01	2036	3 376 691.69	80 241.76	2.38
2019	339 927.03	12 607.25	3.71	2037	3 576 530.97	85 654.87	2.39
2020	400 226.94	13 887.37	3.47	2038	3 706 053.88	91 403.87	2.47
2021	471 256.48	14 922.53	3.17	2039	3 789 291.41	97 514.53	2.57
2022	554 942.57	18 004.53	3.24	2040	3 854 727.61	104 008.44	2.70
2023	653 531.19	19 476.81	2.98	2041	3 936 124.81	97 850.87	2.49
2024	769 680.18	24 017.12	3.12	2042	4 073 501.60	104 298.32	2.56
2025	838 191.67	28 731.71	3.43	2043	4 414 292.26	111 126.82	2.52
2026	910 719.93	35 731.74	3.92	2044	4 714 720.84	118 353.15	2.51
2027	1 079 480.8	38 409.83	3.56	2045	4 941 430.00	125 992.37	2.55
2028	1 279 513.8	46 704.25	3.65	2046	5 273 411.59	134 059.73	2.54
2029	1 516 613.9	50 140.20	3.31	2047	5 404 295.05	142 570.85	2.64
2030	1 797 649.8	53 733.37	2.99	2048	5 645 059.80	151 545.69	2.68
2031	1 937 057.3	57 535.21	2.97	2049	5 827 250.29	161 000.48	2.76
2032	2 104 669.8	61 559.58	2.92	2050	6 006 786.79	170 956.44	2.85

根据上表可以发现，未来我国国家财政对"新五支柱"养老保障模式的投入占国家财政总支出的比重稳定在 3% 左右，与国际上多数发达国家的政府投入比重相近，同时也说明国家完全有能力负担起对"新五支柱"养老保障模式中国民年金和社会统筹基金的支出，说明本书所构建的养老保险城乡统筹模式具有制度的可持续性。

8.2　前期准备

8.2.1　城乡居民保险与城镇职工保险的有效衔接

国务院先后在 2009 年和 2011 年分别开展新农保和城居保试点,而且在 2012 年全面实施两项制度。并且在 2014 年将上述两项制度合并为城乡居民基本养老保险制度。制度颁布以后,全国各地都抓紧制定各项措施落实该项政策。另外,相关单位针对企业职工养老保险关系的转移衔接专门制定《城乡养老保险制度衔接暂行办法》,保证其有效衔接。

8.2.2　完善异地养老保险转移接续制度

随着近些年城镇化速度的加快,大量农村人口进城务工,尤其是对于上海、北京等大型城市,流动人口给社会承受造成了较大影响,据统计,目前农民工外出打工的数量有 2.6 亿人左右。与此同时,我国目前针对这一情况的社会保障机制存在一定的不适应。尤其是不同地区、不同制度之间的衔接存在不及时、不顺畅的问题。此外,我国存在人数较多的异地劳务派遣人员,导致劳动关系和社会保障权益认定复杂化。在流入地,农民工如果面临突发性、临时性困难或发生职业风险,则很难获得必要的救助和保障。

8.2.3　完善事业单位养老保险制度

我国养老保险制度需要打破长期以来"双轨制",通过机关事业养老保险改革建立统一的城镇养老保险制度。目前,我国养老保险改革基本思路是"一个统一""五个同步",不仅要达到机关事业单位养老保险制度与企业统一,还要实现机关与事业单位同步改革,职业年金与基本养老保险制度同步建立,养老保险制度改革与完善工资制度同步推进,待遇调整机制与计发办法同步改革,改革在全国范围同步实施。通过以上举措,打破双轨制,实现养老保险的统筹。

8.2.4 逐渐发展企业年金制度

我国应该以两个抓手建立多层次的职工养老保险制度。首先完善企业基本养老保险制度,以此为基础加强职工个人与社会账户相结合的基本模式。另一方面,提高企业职工退休收入水平,发展企业年金制度,从而促进了多层次养老保险体系建设。

8.2.5 逐步提高养老保险的统筹层次

养老保险统筹实现更高层次的目标,要在省级统筹的基础上向全国统筹的目标去进一步完善。划清中央和地方各自的筹资与支付责任,不仅要实现养老基金的统一管理,还要对城乡居民基本养老保险基金实现省级统筹,进一步降低和分散养老基金的风险。

8.2.6 逐步扩大养老保险的覆盖面

截至 2015 年底,全国参加城镇职工基本养老保险人数 35 361 万人,比上年末增加 1 236 万人。参加城乡居民基本养老保险人数 50 472 万人,增加 365 万人。根据测算,2020 年总人口将要达到 14.3 亿。为了实现"全面建成覆盖城乡居民的社会保障体系"的宏伟目标,相关职能部门已经抓紧制定和完善相关政策,目标在 2017 年能够覆盖到 9 亿人,2020 年达到 10 亿人,由此覆盖率也能进一步从 80% 提高到 95%。

8.3 实施步骤

8.3.1 时点选择

根据以上总结的国际上推进城乡统筹养老保险的一般规律,即:

(1) 农业产值在国民生产总值中的份额降到 15% 以下,农业劳动力结构份额在 20% 以下。

（2）农业人口占全国总人口的比重下降到 50% 以下。

（3）经济发展水平总体较高，人均 GDP 在 2 000 美元（当年美元）以上。

目前，我国农业产值、农业劳动力、农村人口以及人均 GDP 数值如表 8 - 4 所示。

表 8 - 4　2006—2015 年农业产值、农业劳动力、农村人口以及人均 GDP 情况

年份	农业产值在国民生产总值中的份额（%）	农业劳动力结构份额（%）	农业人口占全国总人口的比重（%）	人均 GDP[①]（美元）
目标值	15	20	50	2 000
2015 年	9	28.3	43.9	8 016.00
2014 年	9.2	29.5	45.23	7 485.00
2013 年	10	31.4	46.27	6 904.12
2012 年	10.1	33.6	47.43	6 153.515
2011 年	10	34.8	48.73	5 324.93
2010 年	10.1	36.7	50.05	4 505.411
2009 年	10.3	38.1	51.66	3 760.284
2008 年	10.7	39.6	53.01	3 460.98
2007 年	10.8	40.8	54.11	2 730.326
2006 年	11.1	42.6	55.66	2 112.99

根据以上分析，早在 2010 年时，我国的农业产值在国民生产总值中的份额、农业人口占全国总人口的比重、人均 GDP 就已达到国际上一般国家养老保险城乡统筹发展的经济要求，即除了农业劳动力结构份额没有达到国际上普遍的水平，上述四个指标的要求均满足。不过，波兰、巴西和印度跟我国经济发展水平相当，这三个国家的养老保险城乡统筹时，农业劳动力份额的指标已超过 20%。由此说明目前我国的社会经济发展水平基本具备了养老保险城乡统筹所需要的经济条件基础。

---

① 根据历年美元对人民币汇率计算。

8.3.2 时间表、步骤

结合"渐进统一模式"及中国共产党第十八次全国代表大会关于"全覆盖"的保障目标要求,根据三个不同阶段,采取三步走方略。

我们要进一步努力实现社会保障一体化的目标,但是面对城乡二元结构的长期遗留问题,同时受制于经济能力、认知水平等诸多因素。短期内实现社会保障一体化仍然比较困难。因此在路径设计上不应急于求成,稳步推行、小步渐进才能顺利完成十三五规划目标。因此根据上文"渐进统一模式",在路径设计上本书提出以下方案,如图8-1所示。

图8-1 养老保险城乡统筹路径设计思路

要实现养老保险的城乡统筹,首要的工作是对现有制度进行不断完善,主要是通过提高城乡居民养老保险的待遇水平来实现;接下来是将城镇职工基本养老保险、城乡居民养老保险制度和机关事业单位养老保险制度进行整合,实现制度的归并;最后建立起阶梯式、多层次的城乡统筹养老保险体系,实现制度一体化。

1) 制度完善

当前我国养老保障体系中,城乡居民的基本养老保险由于保障群体自身的经济状况较之于企业职工和机关事业单位工作人员的收入水平偏低,因此缴费水平与待遇水平较低。要想实现养老保险的城乡统筹,必须从最基础的制度待遇水平入手,逐步提高城乡居民养老保险的待遇水平,确保目前各个群体相对应的养老保险制度待遇给付水平之间差异较小甚至消失,只有这样才能够为实现养老保险城乡统筹奠定基础。

城乡居民养老保险待遇水平的提高,主要是提高城乡居民自身的缴费能力,加大宣传力度,调动城乡居民参保的积极性,同时也要增强集体和各级政府的财政支持力度;对收缴的养老保险金要采取有效的基金投资运营,严格监督基金的安全运营,采取组合投资方式实现养老保险金的投资收益。

2）制度归并

目前我国养老保险体系中存在着城乡居民养老保险与城镇职工养老保险、城镇职工养老保险与机关事业单位养老保险之间的"双轨制",这不利于城乡统筹养老保障体系的建立,也在一定程度上加大了社会矛盾。因此要积极整合城镇职工养老保险与城乡居民养老保险制度,进而进一步统筹城镇职工与机关事业单位职工的养老保险制度,将养老保险统筹往更高层次推进。

实现城镇职工养老保险与城乡居民养老保险制度之间的归并,首先要强化城乡居民的职业化意识,无论是农民还是个体工商户本质上都是社会职业,在上一步制度完善的过程中,城乡居民养老保险制度的待遇实现了提高,与城镇职工养老保险制度之间的待遇差距缩小,因此通过建立"第一支柱"个人账户和"第二支柱"社会统筹来实现两者之间的并轨。要注意的是对于城乡居民,集体和国家财政应结合实际情况对其的缴费进行适度补贴。

实现城镇职工养老保险与机关事业单位养老保险制度的并轨,主要是通过建立"第三支柱"企业年金来实现,企业或机关事业单位及员工自身各缴纳一定比例的养老金作为企业年金,其中政府也在企业年金缴费中承担一定缴费责任,通过企业年金的建立,实现对企业职工和机关事业单位工作人员的更高养老保障,也体现了养老金对知识、技能的补偿。在并轨过程中要分步骤实现,事业单位分类改革之后可进一步推进各项制度的整合。

无论是城镇职工养老保险与城乡居民养老保险制度之间的归并,还是城镇职工养老保险与机关事业单位养老保险制度的并轨,都不可避免地会有转制成本,在此过程中政府要起到兜底作用,利用国家财政、国资变现对转制成本进行补偿,这样才能顺利实现各项制度的归并。

3）制度一体

养老保险的城乡统筹最终目标是建立起阶梯式、多层次的一体化养老保障制度,在城乡养老保障统筹模式中,从最基础的国民年金到具有普适性的统筹账户、个人账户养老金,再到主要惠及城镇职工和机关事业单位工作人员的企业年金制度,到最后的个人自愿保障性养老制度,呈现出由低到高的阶梯式和多层次的分布规律,整个城乡统筹养老保险制度实现了全体国民的全覆盖和保障层次的层层递进。

在实现养老保险城乡统筹的制度一体化过程中,最主要是查缺补漏,要对各支柱养老保险制度进行政策评估,确保在整个制度体系运行中不会有某一环节出现纰漏;同时也要加强对整个养老保险体系的管理和监督,要理顺各个支柱养老保险制度之间的关系,避免出现功能重叠或制度空白;另外,要出台相关政策,为确保制度的正常有效运转提供政策支持,如图8-2所示。

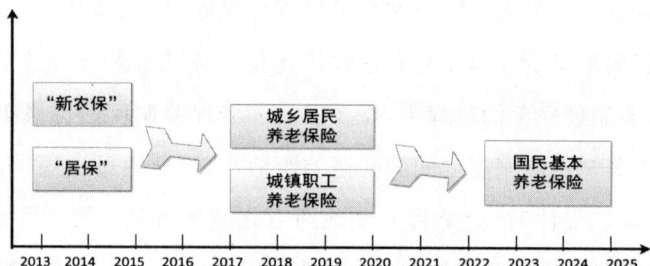

图8-2　制度归并路径图

到2020年,将城乡居民养老保险制度与城镇职工养老保险制度合并为公民基本养老保险制度,通过统一的制度设计,将城乡所有群体都纳入统一框架中,不再分别设计。

8.4　对策建议

虽然在特定的历史条件下,作为统一多层次养老保障体系最重要组成部分的基本养老保障制度(由政府强制举办的第一支柱和第二支柱以及第零支柱组成),采取多元化的制度安排有一定的合理性,但多元化的制度安排必然造成人群之间的攀比以及不同群体之间的待遇差距。

随着我国城乡经济发展水平趋于平衡,多元化制度应该朝向一元化的发展方向迈进。为此,基本养老保险制度的统一通过城乡居保、机关事业单位养老金制度分别与职保并轨实现。

8.4.1　顶层设计,明确各责任主体地位和作用

养老保险城乡统筹是一项复杂的系统工程,涉及面广、影响程度深,这就需要制度设计平稳,且待遇水平不降低,也要有可持续性。养老保险制度城乡统筹要从国家层面顶层设计,考虑各方主体利益。目前我国明确提出到2020 年要进行养老保险的城乡统筹,但统筹的模式并没有确定,路径也没有明确,因此,要对养老保险的城乡统筹模式和路径进行顶层设计,充分论证。进过本书论证,“新五支柱”养老保险城乡统筹模式是在目前我国养老保险制度下,可平稳过渡的模式,同时,从长期的运行上来说,也是可持续的。

在“新五支柱”的模式框架下,明确政府、企业、个人等主体的责任,在国家强制性的支柱中,每一支柱的责任主体都是单一的,这样使每个责任主体都能发挥其在养老保险中的作用,且不会混淆不清。在非强制性的支柱中,个人、企业自愿承担责任,可在基础的养老保险水平上,提高养老保险待遇。

8.4.2　“城乡居保”和“职保”制度并轨,搭建城乡统筹基础平台

如前文所述,职保是一项开放的制度,城乡居保的参保人群,如果其具备相应的缴费能力,能够以个体户或者自由职业者的身份加入职保。在保障水平方面,职保的养老保险水平要高于城乡居保,其吸引力也要高于城乡居保。随着城乡差距的逐渐缩小,当城乡居民的收入水平达到一定的程度,职保通过自然地吸纳城乡居保的参保人,实现二者的并轨。当然,城乡差距的缩小是一个长期的过程,所以,我国基本养老保险制度的统一也将是一个漫长的过程。

8.4.3　机关事业单位养老保险制度和“职保”并轨,实现制度统一化

在建立统一的基本养老保障制度过程中,我国要妥善处理好机关事业养老金和职保待遇差距过大问题。就职业特征而言,我国公职人员的工作较为

繁琐,他们代表国家机关行使公权力、履行社会职责、提供公共服务的一类特殊群体,这一类群体在社会发展中起着极为重要且不可或缺的作用。因此,需要积极调动其工作积极性,在制订养老保险待遇问题上,应有别于一般企业的职工。此外,机关事业单位退休人员平均学历高、平均职务高、专业技术人员多,他们的工资水平也要高于职工。因此,从职业特征而言,公职人员的养老保险待遇普遍高于企业职工也是具有一定的合理性。而机关事业单位和城镇企业职工基本养老保险制度并轨后,相应的养老金待遇要降低。为了弥补并轨前后机关事业单位养老金待遇差距,我国应该建立公职人员的职业年金制度。所有的公职人员,他们在任公职期间,由用人单位和本人缴费建立职业年金,作为国家基本养老金的补充。从而,全体国民由第一支柱和第二支柱构筑的基本养老保险制度上体现公平,而在职业年金方面体现差异性,从而实现养老保险制度效率与公平相统一。

综上所述,机关事业单位与城镇企业职工养老保险制度的并轨应在事业单位进行分类改革以后开始逐步推行。

8.4.4 做实个人账户,提高其储蓄功能,并化解转轨成本

"新五支柱"养老保障模式的各支柱之间责任明确,功能定位准确。我国养老保障城乡统筹发展要实现建立城乡统一的"新五支柱"养老保障体系的目标,需要建立统一多层次养老保障体系,要使强制性第一支柱的个人账户切实承担储蓄保障的功能,首先是要化解转轨成本,做实个人账户。

按照代际交换的原则,现收现付制养老保险制度刚刚开始实施时当期退休职工养老金由当期在职职工缴费支付,而当期在职职工的养老金费用则由下一代在职职工缴费支付。如果现收现付制一直运行下去,政府因动用当期职工缴费支付退休职工养老金待遇而形成的对当期职工养老金权益的负债就以隐性的形式存在。如果现收现付制转向部分积累制或者完全基金制,转轨时期在职职工养老保险的部分(转向部分积累制)或者全部(转向完全基金制)缴费不能继续用于支付退休职工的养老保险费用,而是计入个人账户,为自己未来的养老保险进行储蓄。这样一来,代际交换中断,当期退休职工在

在职期间积累的养老金因不能继续由当期在职职工缴费来支付,政府因强制用当期退休职工在其在职期间的缴费支付上一代退休职工的养老金费用而形成的对当期退休职工的负债就会显性化,这部分显性化的债务就形成了养老金的转轨成本。理论上看,政府可以通过提高养老保险的缴费率,将转轨成本转嫁给在职职工,让他们承担双重的养老保障责任。然而,从政策实践看,过高的养老保险费率会加重企业的用工成本,妨害经济的发展。此外,转嫁成本也违背代际公平的基本原则,因而,提高养老保险缴费率并不是一种可行的做法。在养老保险缴费率既定的情况下,政府要么挪用个人账户的资金或者通过其他途径筹集资金支付已经退休职工的养老金。

职保从现收现付制向部分积累制转轨的过程中,完全由社会统筹支付当期退休职工的养老金待遇,这样一来,政府就将转轨成本的责任完全推卸给企业和个人。而在养老保险缴费不能持续提高的前提下,许多地方为了支付退休人员的养老金,不得已挪用个人账户积累资金,形成了社会统筹与个人账户"混账管理、空账运行"的模式。个人账户的空账运行实际上使个人账户基金丧失了储蓄的功能,不能充分发挥第二支柱的作用。因此,养老保障第二支柱要充分发挥储蓄的功能,政府必须承担转轨的成本,做实个人账户。

在计划经济体制下,按照马克思主义社会总产品"六项"扣除的分配理论,劳动者在进行工资分配前已经扣除了包括养老保险费用在内的"无劳动能力者基金"和其他各项扣除。在低工资的收入分配政策下,被扣除的保险费用一部分支付给在制度初始期已经退休的职工,一部分被政府当作生产基金用于国有企业的投资,形成了庞大的国有资产。因此,从现收现付向部分基金制转型的过程中,转轨成本理应由政府来承担。我国目前大部分国有资产是在计划经济时期积累起来的,政府应该通过出售或划拨部分国有存量资产、从国家企业的分红以及发行长期国债等方式消化承担转轨成本。

8.4.5　加大政府财政投入,适当降低企业缴费

政府作为养老保障体制的主导者,应承担起相应的责任,其中政府财政对养老保障体系的支持至关重要。"新五支柱"模式下,国民年金和社会统筹

部分都需要政府缴费,然而,目前政府对社会保障的投入也逐年增加,政府对养老保险的投入可以直接转换成政府缴费,并适当增加投入,承担养老保险责任。社会统筹基础养老金构成多层次养老保险体系的第一支柱。第一支柱要实现广覆盖的目标,必须降低养老保险的缴费率。与世界上其他国家养老保险费率相比,我国养老保险的缴费率明显偏高。我国老年抚养比为13%,养老保险缴费率高达28%,而与我国老年抚养比接近的墨西哥,养老保险的缴费率只有8.65%;与我国养老保险费比较接近的波兰,老年抚养比达21%。过高的缴费率不仅提高了缴费性第一支柱的门槛,而且妨碍自愿性职业年金的发展。因此,我国社会统筹作为基本养老保障制度的第二支柱要能覆盖全民,必须适当降低缴费率,如表 8-5 所示。

表 8-5　OECD 国家养老保险缴费率及其抚养比[①]

国家	养老保险缴费率(%)			老年抚养比(%)	国家	养老保险缴费率(%)			老年抚养比(%)
	参保人	雇主	合计			参保人	雇主	合计	
澳大利亚	0	9	9	22	卢森堡	8	8	16	22
奥地利	10.25	12.55	22.8	29	墨西哥	1.75	6.9	8.65	12
比利时	7.5	8.86	16.36	29	荷兰	19	5.7	24.7	25
加拿大	4.95	4.95	9	22	新西兰	–	–	–	22
捷克	6.5	21.5	28	23	挪威	7.8	14.1	21.9c	25
芬兰	4.5	17.1	21.6	29	波兰	11.26	14.26	25.52	21
法国	6.65	9.9	16.55	29	葡萄牙	11	23.75	34.75	29
德国	9.95	9.95	19.0	33	斯洛伐克	4	14	18	18
希腊	6.67	13.33	20	30	西班牙	4.7	23.6	28.3	27
匈牙利	9.5	24	33.5	26	瑞典	7	11.91	18.91	31
冰岛	4	16.65	20.65	20	瑞士	11.9	11.9	23.8	27
爱尔兰	4	8.5	12.5	19	土耳其	9	11	20	10
意大利	9.19	23.81	33	34	英国	11	12.8	23.8	28

---

① 养老保险缴费率为养老、遗嘱以及伤残合计缴费率;美国、加拿大、墨西哥、日本韩国、土耳其为 2011 年缴费率,其他为 2010 年缴费率。老年抚养比为 65 岁及以上老人占 20～64 岁人口比重。"—"政府承担全部成本。

（续表）

国家	养老保险缴费率（%）			老年抚养比（%）	国家	养老保险缴费率（%）			老年抚养比（%）
	参保人	雇主	合计			参保人	雇主	合计	
日本	7.852	7.852	15.70	38	美国	6.2	6.2	12.4	22
韩国	4.5	4.5	9	17	中国	8	20	28	13

资料来源：养老保险缴费率来自 ISSA.《Social Security Programs Throughout the World (Europe) 2010》第 23 - 24 页；老年抚养比来自《World Population Prospects（the 2010 Revision）》。

8.4.6 实施企业年金的税收优惠政策，激发企业积极性

从世界各国养老保障制度发展的经验看，为了充分发挥积累型企业年金对储蓄和投资的积极影响，减轻政府公共养老金支出压力，世界上建立了养老保险制度的国家和地区中，有 1/3 以上的国家建立了企业年金制度。部分工业化国家，如美国、英国等国，企业年金的覆盖率超过 40%。

我国从 20 世纪 90 年代初就开始企业年金的改革，1995 年原劳动部下发了《关于建立企业补充养老保险制度的意见》；2004 年我国出台了《企业年金基金管理试行办法》，确立我国企业年金基本结构。从我国企业年金发展的实际情况看，我国目前只有极少数效益比较好的企业为职工办理了企业年金。我国企业年金覆盖率不到 10%，企业年金的积累规模占 GDP 的比重不到 1%。由此可见，企业年金是我国多层次养老保障体系发展的短板，如表8 - 6 所示。

表 8 - 6 OECD 国家强制性养老金替代率及自愿性养老金覆盖率[①]

国家	强制养老金计划替代率（%）		自愿养老金计划覆盖率（%）	
	公共养老金	私人养老金	职业	个人
澳大利亚	17.4	25.7	18.8	9.7

---

① 替代率为正常退休年龄退休时用最后收入来测量的目标替代率；覆盖率为参保人数与就业人口之比；"—"表示数据不可得。

（续表）

国家	强制养老金计划替代率（%）		自愿养老金计划覆盖率（%）	
	公共养老金	私人养老金	职业	个人
奥地利	80.1		13.9	–
比利时	40.4	–	55.6	–
加拿大	43.9	–	39.4	–
丹麦	25.0	45.6	n.a.	–
芬兰	63.4	–	8.7	7.3
法国	51.2		–	–
德国	39.9	–	–	9.4
匈牙利	50.7	26.2	n.a.	–
爱尔兰	32.5		40.1	–
意大利	67.9	–	10.6	5.1
卢森堡	88.3	–	5.6	–
墨西哥	4.4	31.4	–	–
荷兰	31.3	50.7	–	–
挪威	59.3	–		3.0
波兰	27.1	31.3	– 1.0	
葡萄牙	54.1	–	4.0	
斯洛伐克	24.4	32.4	–	
西班牙	81.2	–	8.7	
瑞典	37.8	15.4	– 90.0	
英国	30.8	–	47.1	18.9
美国	41.2	–	46.0	34.7

资料来源：《OECD Private Pensions Outlook 2008》，第 111 页。

　　与其他发达国家相比，我国企业年金发展滞后一方面因为职工基础养老金的替代率过高，削弱了职工本人以及企业参加企业年金的积极性，西方企业年金比较发达的国家，基础养老金的替代率在 30%～40% 之间，我国基础养老金的目标替代率为 59.8%；另一方面社会保险的缴费偏高，企业养老保险缴费高达 20%，再加上医疗、失业以及工伤等社会保险的缴费，企业社会保险费率高达30%,使得用人单位往往不具备建立企业年金的能力;第三,我国企业年金税收优惠不足,制约了企业或者职工个人参加企业年金的积极性。因此,为了促进我国企业年金的发展,充分发挥企业年金在第三支柱中的地位和作用,我国一方面应该降低基础养老金的替代率,从而降低社会保险的费率;另一方面,应该通过税收激励等手段,允许企业或者个人参保企业年金的缴费在一定限度内税前扣除,从而提高企业和个人参加企业年金的积极性,如表8-7所示。

表 8-7　我国企业年金发展概况

年份	企业年金参保情况			企业年金基金规模	
	企业数量 (万户)	参加职工 人数(万人)	占职保职工参保 人数比例(%)	基金规模 (亿元)	占 GDP 比重 (%)
2006	2.4	964	6.82	910	0.42
2007	3.2	929	6.12	1 519	0.57
2008	3.31	1 038	6.26	1 911	0.61
2009	3.35	1 179	6.64	2 533	0.74
2010	3.71	1 335	6.88	2 809	0.71
2011	4.49	1 577	7.3	3 570	0.73
2012	5.47	1 847	8.6	4 821	0.90
2013	6.61	2 056	8.5	6 035	1.00
2014	7.33	2 293	8.9	7 688	1.20
2015	7.55	2 316	9.0	9 225	1.36

1) 税收优惠政策

目前我国职业年金发展在税收优惠政策方面还面临一系列问题。如原有企业职业年金在个人缴费方面,国家原有政策一直没有明确规定,各省市根据自己的实际情况制定了不同标准的免税优惠政策。2009 年 12 月,《关于企业职业年金个人所得税征收管理有关问题的通知》(国税函〔2009〕694 号)出台,通知中明确规定了企业、职业年金对于个人没有税收优惠,且要求对之前未曾缴纳的个人所得税部分进行补缴。政策的变动使得企业建立、职工参加企业年金的积极性受到了致命的打击。根据国际上已实行企业年金制度的国家的经验来看,企业年金的发展有利于缓解养老保险的负担,在我国的现实国情制约下,要想充分发挥企业年金的积极作用,需要国家和政府出台相关的税收优惠政策给予制度发展一定的政策及资金支持。

2) 个人税收递延

税收递延是指纳税人在取得某项收入之后再进行纳税的一种优惠政策,是国外年金制度中对个人缴费的一种税收优惠,如美国401(K)中的个人在缴费、投资收益阶段不纳税,领取阶段纳税。在保险领域中,投保人购买和领取保险金分别处于生命的不同阶段,两个阶段具有较大的收入差别,且适用税率也存在一定的差距,而养老保险的税收递延政策就可以惠及各类参保人员。参保人由于税收递延政策能够减轻税务负担,其购买养老保险的积极性也会随之增强。

与当期税相比,延期税在推进企业职业年金发展上有着不可比拟的优势:企业或个人在缴纳社保费时,允许该项费用在税前列支,可鼓励企业或个人参与养老保险计划,并获得更为优惠的税收待遇;延期税使得本届政府不会受到前届政府对企业做的免税承诺,从而更有利于税收政策的调整;延期税对国家税收有一定程度的影响,但是我们可以将税收的优惠额度按隐形支出测算,从而缓解部分基本养老保险的压力。我们假设从2013年开始建立企业或职业年金制度,2013年至2033年20年期间企业职业年金总积累额将达到4.75亿元,而在2020年,国家累计减税总额将达到9 480亿元。深入剖析这两项数据,意味着国家每减少1元税收,企业职业年金增加5元的积累,与此同时,国家基本养老金的财政支出进一步减少。这对于企业和国家来说都是非常有利的。

根据官方公布的数据,上海在2014年上半年个税同比增长28.9%,2014年上海GDP上半年同比增长8.4%。在覆盖范围上,无论企事业单位还是政府机关,都可以参与其中。在操作模式上,缴费时由企业代扣代缴,领取时由保险公司代扣代缴个税;员工离职时,可以在不同的保险公司、不同的企业之间进行转移接续。从具体操作上看,若要推出税收递延政策,其优惠额度至少要覆盖超过 50% 的劳动者群体,才能体现出推广价值。优惠保费的上限如果定得过低,就难以产生吸引力;上限越高,减免的税收也越高。而对于本就是高收入的群体实行税收优惠,将对社会公平性产生影响。

因此,在鼓励职业年金前提下推出的个人税收递延,应考虑其与年金政策的联系,本书建议,其税收优惠额度的制度至少不能低于个人的缴费比例,即个人工资的 4%,这样才能提高个人对职业年金的参与热情。

3) EET 税收优惠模式

从世界经验看,企业职业年金制度发展较好的国家都采用 EET 税收模式(缴费和投资阶段免税、取现时缴税)。

EET 税收优惠模式不仅具有延期税的优点,而且也很好地结合了本金税的优点,已经成为一种相对成熟和完善的税收模式。在这种模式下,企业与员工可以把年金缴费从员工的税前收入中扣除,然后在领取养老金时征收个人所得税。而且在前两个阶段不对企业职业年金征收任何税费,而在领取环节征收费用。这就融合了基本养老保险制度的特点,又能体现二者的差异性。因此,职业年金计划采取 EET 税收优惠模式,不仅有利于职业年金的发展,而且也有效调节了不同的收入差距,也将税收损失进行了控制。

企业年金的发展可以通过下调企业对基本养老保险的缴费率,政府出台相关的税收优惠政策,鼓励和促进企业建立企业职业年金制度。其中,企业税收优惠最高税前数额由预计要达到理想养老金替代率和财政能够承受的最高缴费额。

经前期研究可知,在一定的平均投资收益率、工资增长率、通货膨胀率、余命和工作年限确定的情况下,实现企业职业年金 20% 的目标替代率最低缴费率约为 8%,如图 8-3 所示。

通过计算,得出因实施税收优惠政策使得企业职业年金缴费额不断增加,而所导致的税收损失并没有出现大幅的增长,税收损失占财政收入的比重基本维持在 1% 及以下水平,这个数值也一直处在财政的合理承受范围之内,且不会对财政造成沉重的负担。随着职工工资总额的不断增加,企业职业年金基金也会逐步增多,在这种情况下,税收损失无论是在具体数额上还

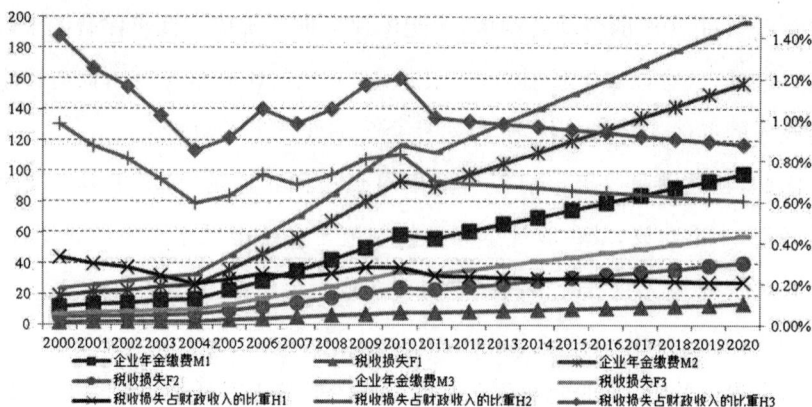

图 8-3　当参与率为 **50％**、**80％**、**100％**时的企业年金缴费(**M**)、
税收损失(**F**)及税收损失占财政收入的比重(**H**)(单位：亿元、%)

是在占财政收入的比重上都会在政府财政所能承受的范围内。

8.4.7　优化企业年金的运营管理，提升其市场化程度

1) 企业职业年金运营管理

当前企业职业年金计划仍以单一年金计划账户形式管理，缺乏有效的税收优惠政策，同时受到运营成本、现金流情况、公司规模及员工稳定性影响，中小企业在建立企业职业年金计划的行动中积极性并不高涨。从已建立的企业职业年金的运行情况来看，覆盖范围只占参加基本养老保险人数的5％～6％。根据中国社科院郑秉文的调研数据，企业参与年金计划的比率仅为1％，且绝大部分是中央和地方的国有大中型企业，集中在交通、通信、能源、金融等垄断性行业。

要扩大企业职业年金的覆盖范围，必须改变目前企业职业年金市场以大国企、大集团为主的局面，吸引中小型企业的参与，而定位于中小企业和行业联盟的企业年金集合计划为广大中小企业建立企业职业年金提供了有利力机会。

企业年金集合计划是指同一受托人将多个委托人交付的企业年金基金集中进行受托管理的一种企业年金计划。年金集合计划一经设立，其管理费

率、投资组合以及计划条款等内容均已确定,集门槛低、费用少、流程简化等优点于一身,对中小企业和职工参与企业职业年金计划具有巨大的优势和吸引力。

自 2005 年起,国内多家银行、保险公司、养老金托管运营企业已陆续开发设计了多种集合年金产品,其中以"2 + 2"模式(由同一机构担任受托人和投资管理人,另一机构担任托管人和账户管理人)为主。2011 年,人社部又出台了《关于企业年金集合计划试点有关问题的通知》(人社部发[2011]58 号)和《企业年金基金管理办法》(人力资源和社会保障部令 2011 年第 11 号)文件,从法律层面对企业年金的运行、缴费、投资、监管等方面进行了规范。

根据《企业年金基金管理办法》规定,采用"1 + 2 + N"模式(同一机构担任受托人和账户管理,银行担任托管人并选择 1 家投资管理人)或"2 + 1 + N"模式(同一机构担任受托人和账户管理人,银行担任托管人并选择多家投资管理人),将成为企业职业年金市场发展的主流。

2) 事业单位职业年金运营管理

借鉴企业经验,在事业单位改制和职业年金试点的阶段,也可考虑采用集合年金形式建立事业职业年金集合计划。

在关于集合年金计划的具体设计上,按照委托人、受托人、账户管理人、托管人、投资管理人等结构进行建立。年金计划方案的选定通过内部审批、职代会审议等方式,由企业和职工共同确定。针对委托人风险承受特点、职工特点,以及受托机构的资信及风险控制能力,再由委托人与受托人共同确定实施方案,如图 8 - 4 所示。

对于不同类型的事业单位,职业年金计划需要系统的设计和进行,对不同的人都要单独考量。①"老年人"实行的是改革以前的制度,不参与企业年金计划;"新人"由政府、单位和个人共同出资;"中人"的情况比较复杂,在其职业年金计划中,不仅要以中人工作年限为依据,还要考虑财政补贴的限额,以"视同缴费"方式为其建立职业年金补缴账户。②原则上改制以前的部门应该以自愿的形式建立职业年金计划,改革后不再享受财政补贴。然而,为了鼓励单位建立职工的职业年金计划,该单位要支付部分实施"单位 + 财政"

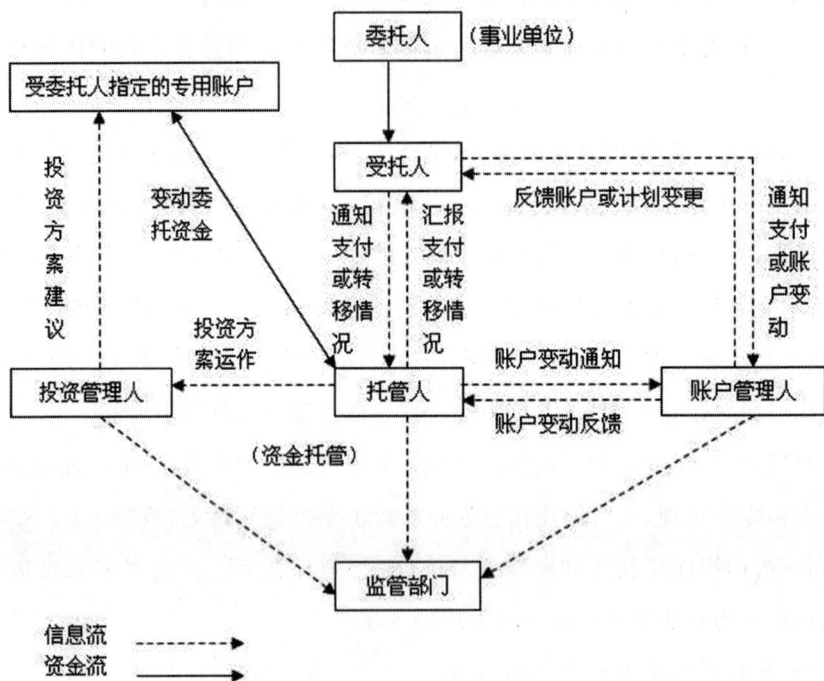

图 8-4 职业年金管理流程图

的办法。不仅要以中人工作年限为依据,参照之前比例,以"视同缴费"方式为其建立职业年金补缴账户。以个人参加工作经验为标准,参考调整前的财政补贴比例,"被视为部分资金由单位出资,按比例由政府财政补贴,由政府为建立职业年金支付逾期账款,如果单位放弃为职工建立职业年金计划或终止支付,政府补贴也不再支付。③对于改制后转为企业的事业单位,其职业年金计划的建立流程可参照企业建立职业年金计划的流程。基于与企业职业年金接轨的考虑,事业职业年金的缴费应以企业年金缴费为参照,即:以职工工资水平为基准,这也需要尽快完成事业单位绩效工资改革。

在待遇享受上,由于事业单位人员流动相对稳定,且人员变动也多是同一系统内调动转移,因此可考虑结合事业单位分类,按照科教文卫等类别划分为不同的年金集合计划。同一类别内的集合年金计划采用份额化方式进行年金基金的投资和账户管理,即统一体系内的受益人,每份产品享有相同的权利。

任何改革都需要公众的参与,是开放的、系统的、科学的。改革也不是一蹴而就,需要有关部门加强监管、出台完善的管理办法,建立的职业年金计划既保障了事业单位改革过程中职工原有的基本利益,又能平衡企业和事业单位之间的利益均衡,从而为企业和事业单位参与年金计划提供更多样化的选择,并推动我国年金市场的进一步发展。

8.5　本章小结

(1)我国城乡统一多层次养老保障由"新五支柱"所组成,其中基本养老保险制度由零支柱、第一支柱和第二支柱构成。基于收入调查的最低生活保障构成零支柱;社会统筹基础养老金为覆盖全民的缴费性第一支柱;个人账户为强制性的第二支柱;自愿性职业年金或个人储蓄账户为补充性的第三支柱;家庭保障为第四支柱。其中,为了实现基本养老保障制度的统一性,养老保障从城乡整合发展迈向城乡统一的过程中,要实现城乡居保、机关事业单位养老金制度与职保的并轨。

(2)要实现建立城乡统一多层次养老保障体系的目标,我国城乡养老保障制度还要进行以下改革:一是化解转轨成本,做实个人账户,使个人账户切实承担储蓄积累的功能;二是适当降低养老保险的缴费率,使之能覆盖全民;三是大力发展职业年金,使之成为强制性公共养老金的必要补充。

第 9 章　研究总结与展望

9.1　研究总结

随着人口老龄化程度的不断加深,城乡二元结构对于社会发展的阻碍亟待被有效的公共政策打破,而本书着眼的养老保险制度的城乡统筹,正是站在化解城乡发展矛盾,促进城乡社会保障制度协同发展的角度展开论述,体现出了社会发展的前进方向,具有较强的理论价值和实践意义。

1) 养老保险城乡统筹具有较强的理论依据和必要性

本书把马克思、恩格斯的城乡关系理论与我国当前养老保险制度的城乡发展结合起来,将我国养老保险制度的城乡统筹放在马克思主义的城乡统筹理论框架中加以着重分析,沿循马克思主义中对于城乡统筹内涵的探讨,对我国当前养老保险制度城乡发展存在的不平衡、布局不合理、资源分配不均衡等问题进行梳理和深入剖析。在此基础上,通过借鉴国际和国内关于养老保险制度的创新发展经验,提出了"新五支柱"城乡统筹养老保险制度体系,并通过充分发挥政府引导作用,鼓励企业发挥社会支持作用,体现个人责任等手段,采取一系列措施,对养老保险制度城乡统筹发展进行资源的优化配置,达到实现养老保险制度城乡统筹发展的目标。本书注重政府的主导作用、化解养老保险制度的转制成本、发挥企业等社会力量、保障城乡居民养老待遇的提高,建立起一套实现城乡养老保险制度统筹协调发展的理论思想,一方面是对马克思主义关于城乡统筹发展思想的继承,另一方面通过实证分析来探索和创新形成更加符合我国国情的养老保险制度城乡统筹思想,也为将来的学者展开相关研究提供一定的理论参考。

2) 应构建养老保险"新五支柱"结构模式

目前受到国际社会认可的养老保障制度模式主要包括 1994 年世界银行提出的"三支柱"模式、国际货币基金组织提出的"三支柱"模式、经济合作与发展组织提出的"三支柱"模式、国际劳工组织提出的"四支柱"模式、2005 年底世界银行提出的"五支柱"模式。由此可以看出,养老保险制度的多层次、多支柱模式是养老保险制度城乡统筹发展的必然趋势和主流方向。

马克思主义关于城乡统筹发展的观点认为实现城乡统筹必然要消灭私有制、发挥城市带动农村作用、统筹城乡产业。城镇化的持续发展离不开城市对农村的积极带动作用,在城镇化程度日益深刻的背景下,城乡产业也在不断整合发展,这是城乡养老保险制度统筹发展过程中对马克思主义城乡统筹理论的有力印证。本书经过对国际国内相关经验的总结和借鉴,认为构建和发展多支柱、多层次的养老保险制度体系是实现养老保险制度城乡统筹的关键所在。

"新五支柱"是本书在综合前人研究和国际主流观点的基础上,所提出来的不同于以往的多层次、多支柱城乡统筹养老保险制度模式。与之相近的有世界银行提出的包括公共养老金、个人缴费、个人储蓄、强制性私人养老金、自愿性养老金的"五支柱"模式。

学界关于养老保险制度城乡统筹已有许多研究成果,大部分关于统筹城乡养老保险制度的路径的研究局限于对路径的简单讨论,并没有对实现路径进行全面分析,更没有从实现何种城乡统筹养老保险制度的格局去进行研究。本书在城乡统筹养老保险制度的初始设计时,就从传统的"三支柱"如何平稳过渡到"新五支柱"的城乡统筹养老保险进行理论上的探讨,在得到城乡统筹理论的支持下,进一步以城乡统筹理论作为基本框架,依据制度从优化、整合到最后实现统筹这一主线进行逐步分析和研究。在实现养老保险城乡统筹路径的研究中,"新五支柱"的提出是新时期养老保险城乡统筹发展的新思路、新途径。

3) 养老保险城乡统筹需明确政府、企业、个人责任

从国际上大多数国家的社会保障实践来看,养老保险制度的责任主体通常包括国家、企业和个人,除去一些实行个人完全储蓄制的养老保险模式的国家之外,大多数国家都选择将养老保险责任分散到多个主体中去。实行责任分担具有较为重要的现实意义:第一,养老保险制度是从国家层面出发,为保障全体国民的基本老年生活而设立的一种保障制度,目的不仅在于保障民生,也在于维护政权的稳定,因此,国家在养老保险制度中承担着主导者的角色;第二,企业作为社会中雇佣劳动者的主体,有责任和义务为其员工年老丧失劳动能力的时候,承担起一部分照料为其发展贡献出智慧和劳动的员工的老年生活责任;第三,作为一个理性人、经济人,在正常的生命周期中存在着创造产值和储蓄资本的环节,并且出于自我保障的考量和对自我负责的意识,也理应为自己的老年生活来源提前做好储蓄的准备。

"新五支柱"养老保险城乡统筹模式由政府、用人单位、个人这三大主体共同组成了养老保险制度的责任主体,不仅仅体现出国家的主导作用,也强调了用人单位和个人的责任,令参与到养老保险制度中的所有主体都能够在能力的可承受范围之内,承担相应的养老保险责任。"零支柱"中承担责任的主体为国家及政府,作为养老保障制度的责任主体,目的在于建立覆盖城乡所有居民的国民年金;"第一支柱"由用人单位和个人共同承担责任,筹集养老保险的统筹基金;"第二支柱"作为个人账户的体现,主要由参保群体承担缴费责任;"第三支柱"体现现代社会中企业的社会责任,主要由用人单位为其工作人员缴纳企业年金;"第四支柱"是自由度最高的个人储蓄性质养老保险,由商业养老保险等组成,个人可以根据实际情况进行自由选择。可以看到,"新五支柱"养老保险城乡统筹模式相对于以往的养老保险制度,对各个养老保险制度参与主体的责任划分更加清晰,也进一步加强并充实了养老保险制度责任分担的原则。

9.2　研究展望

　　本书对我国养老保险制度城乡统筹模式、责任分担机制、路径和措施进行了研究，利用系统动力学、精算模型、计量经济学等方法对各主体的缴费率和替代率进行了科学测算，全体国民的缴费率较之以前有所降低，特别是城乡居民的养老保障待遇水平较之前的制度待遇有了较大提高。企业的缴费水平维持不变，国家财政所承担的缴费责任有所加大。

　　总体来看，"新五支柱"养老保障模式能够进一步提高我国国民的养老保障水平，但如何在维持养老待遇水平不变情况下，测算合理的企业缴费率以及鼓励企业缴纳企业年金，是值得探讨的问题。同时，完善养老金的投资运营机制，实现养老金的保值增值，也是维持养老保险制度可持续发展的重要研究方向。

参 考 文 献

[1] Weldon AAC. On the Theory of Government Pension Plans[J]. The Canadian Journal of Economics / Revue Canadienne\\Economique, 1968, 1(4):699-717.

[2] Barr, N., P. Diamond. Pension Reform in China: Issues, Options and Recommendations [R].2010.

[3] Mulligan, Casey B. and Xavier Xavier Sala-i-Martin, Social Security in Theory and Practice(II): Efficiency Theories[EB]. Department of Economics Working Paper,1999.

[4] Bhattaeharya J.A Positive Theory of the Income Redistributive Focus of Social Security[DB]. SSRN Working Paper,2003(6).

[5] Allen, S., R. Clark, A. McDermed. The Pension Cost of Changing Jobs [J]. Research on Aging,1988,10(4):459-471.

[6] Gottardi P. Social Security and Risk Sharing[DB]. Center for Economics Studies and Info Institute for Economic Research Working Paper,2006 (12).

[7] Turner, J.A., T. Doescher, P. Fernandez. Pension Policy for a Mobile Labor Force[M]. Michigan:W.E.Upjohn Institute,1993.

[8] Choudhury, S., Racial and Ethnic Differences in Wealth and Asset Choices[J]. Social Security Bulletin,2002(4).

[9] Andrietti, V., V. Hildebrand. Evaluating Pension Portability Reforms. The Tax Reform Act of 1986 as a Natural Experiment[R].Universidad

Carlos III de Madrid,2004(October).Working Paper 04 - 52.

[10] Blake,D.,J.M. Orszag. Portability and Preservation of Pension Rights in the United Kingdom[R].Office of Fair.

[11] 辛本禄,蒲新微. 在自发性、诱致性与强制性之间——多支柱养老保障模式的制度分析及建构[J]. 学习与探索,2005(05):136 - 138.

[12] 刘智. 对建立多层次养老保险体系的思考[J]. 经济问题探索,1998(11):21 - 23.

[13] 孙莉萍. 实行社会统筹 建立多层次的养老保险制度[J]. 平原大学学报,1998(01):6 - 8.

[14] 杨微. 建立多层次的养老保险制度 缓解财政压力[J]. 吉林财税,2000(12):35.

[15] 沈浮. 多层次养老保险体系的构建[J]. 中国科技信息,2005(24):316.

[16] 陈文辉. 建立多支柱的养老保障体系——俄罗斯、波兰的养老保障体系及其启示[J]. 中国金融,2008(08):13 - 15.

[17] 张建伟,胡隽. 发展商业养老保险 构筑多层次农民养老保障体系[J]. 求实,2007(06):53 - 55.

[18] 周熙. 我国养老保险制度的再思考——基于社会资本的角度[J]. 山东经济,2007(04):28 - 31.

[19] 姚凤民,李志刚,郑鹏程,孙建丽,娜仁,林炜. 健全和完善我国养老保险制度的思考[J]. 内蒙古财经学院学报,2002(02):43 - 47.

[20] 吴艳华,杨蛟峰. 多层次农村社会养老保险模式的构建[J]. 财会月刊,2005(02):23 - 24.

[21] 樊舸. 关于构建我国农村多层次综合性养老保险立法体系的思考[J]. 贵州工业大学学报(社会科学版),2008(06):86 - 88 + 96.

[22] Mitchell A. Orenstein,How Politics and Institutions Affect Pension Reform in Three Post Communist Countries[R]. World Bank Policy Research Working Paper,2002.

[23] Rabe,B.,W. Park. Occupational Pensions,Wages,and Job Mobility in

Germany[J]. Scottish Journal of Political Economy,2007,54(4):531-552.

[24] Tamara Trinh,China Pension System Caught between Mounting Legacies and Unfavorable Demographics[J].Deutsche Bank Research,2006.

[25] Schap,D. Path Ways to Pension Portability[J]. Challenge,1988(1-2):53-55.

[26] Luzaizhe.Problems and Improvements on Social Insurance Act for Foreign Workers[J]. Han Yang Law Review,2013(24),3:121-158.

[27] Long,Xiaohui.Research on Influence of Endowment Insurance on "Knowledge-based" Labor Employment[J]. Advances in Social Science Education and Humanities Research,2015(30):496-500.

[28] Wilde,H(Wilde,Henry);Gollogly,JG(Gollogly,James G.). Health and Social Welfare of Expatriates in Southeast Asia[J]. Travel Medicine and Infectious Disease,2014(1-2).

[29] Turner,J. Pension Portability-Is This Europe's Future? An Analysis of the United States as a Test Case[R].The AARP Public Policy Institute,2003(March).

[30] Foster,A. Portability of Pension Benefits among Jobs[J]. Monthly Labor Review,1994,117(7).

[31] 陈平.建立统一的社会保障体系是短视国策[J].中国改革,2002(4):16-17.

[32] 童广印.目标成本制定和分析过程中的 EXCEL 设计[J].理财视点,2010(4):41-42.

[33] 黎民,傅征.我国统一基本养老保险制度建立时点研究[J].河南社会科学,2009(6):66-69.

[34] 丁建定,张尧.养老保险城乡统筹:有利条件、理性原则与完善对策[J].苏州大学学报(哲学社会科学版),2014(05):11-16.

[35] 马克思恩格斯全集(第2卷)[M].北京:人民出版社,1957.

[36] 夏安桃,许学强,薛德升.中国城乡协调发展研究综述[J].人文地理,2003
　　 (5).

[37] 唐欣,王震,刘严萍.基于 AHP 方法的县域城乡统筹水平综合评价——
　　 以河北省东部十二个县级区域为例[J].产业与科技论坛,2016(03):
　　 116-118.

[38] 韦廷柴.十八大以来统筹中国特色城乡发展的战略思路——十六大以来
　　 中共统筹城乡发展理论与实践研究系列论文之二[J].广西社会科学,
　　 2014(11):7-10.

[39] 陈亮亮.马恩城乡理论与中国城乡一体化建设研究综述[J].学理论,
　　 2015(09):56-57.

[40] 杨小萍.统筹城乡发展代表性理论述评[J].吕梁学院学报,2015(02):
　　 94-96.

[41] 张显龙.人本导向下的中国城乡一体化建设机制研究[J].改革与战略,
　　 2014(03):88-92.

[42] 崔杰.中国共产党的城乡统筹发展理论的历史考察[J].品牌,2014(12):
　　 299-300.

[43] 李和森.从社会保障语义分析看城乡统筹[J].中国社会保障,2004(01):
　　 26-27.

[44] 李奇.台湾地区城乡统筹的发展历程及其启示[J].社会主义研究,2015
　　 (04):110-115+31.

[45] 曹信邦.城乡养老社会保险制度一体化障碍性因素分析[J].理论探讨,
　　 2006(05):103-105.

[46] 岳宗福.城乡养老保险一体化的制度设计与路径选择[J].山东工商学院
　　 学报,2013(3).

[47] 景天魁.城乡统筹的社会保障:思路与对策[J].思想战线,2010(1).

[48] 褚福灵.职工基本养老保险关系转移现状的思考[J].社会保障研究,
　　 2013(1).

[49] 林义,林熙,等.城乡居民社会养老保险试点的三个难题[J].四川省情,

2011(9):5-60.

[50] 邓大松,丁怡.城乡养老保险一体化视域下的财政支出结构研究[J].改革与发展,2014(3):73-75.

[51] 林闽钢.中国社会保障制度优化路径的选择[J].中国行政管理,2014(7).

[52] (英)亚当·斯密.国富论[M].郭大力,王亚南,译.上海:上海三联书店,2009.

[53] (英)庇古.福利经济学[M].金镝,译.北京:华夏出版社,2013.

[54] 董克用,孙博.从多层次到多支柱:养老保障体系改革再思考[J].公共管理学报,2011(01):1-9+122.

[55] 贾利军,冯卓,杨静.由"新国十条"看养老保险制度向多支柱体系发展[J].经济研究参考,2015(03):55-60.

[56] 陈正光.我国基本养老保障城乡统筹发展问题研究[D].合肥:合肥工业大学,2012.

[57] 汤兆云.我国社会养老保险制度的改革——基于世界银行"五支柱"模式[J].江苏社会科学,2014(02):83-91.

[58] 丁建定,张尧.养老保险城乡统筹:有利条件、理性原则与完善对策[J].苏州大学学报(哲学社会科学版),2014(05):11-16.

[59] 邓大松,刘远风.制度替代与制度整合:基于新农保的规范分析[J].经济学家,2011(4).

[60] 周毕芬,阚春萍.社会养老保险城乡统筹:实践与理念 [J].重庆理工大学学报(社会科学版),2012(3).

[61] 赵应文.城镇职工基本养老保险基金"收不抵支"原因分析与对策选择[J].北京社会科学,2013(3):73-81.

[62] 叶敬忠,贺聪志.农村劳动力外出务工对留守老人经济供养的影响研究[J].人口研究,2009(04):44-53.

[63] 颜廷健.社会转型期老年人自杀现象研究[J].人口研究,2003(05):73-78.

[64] 王武林.中国老年人口自杀问题研究[J].人口与发展,2013(1):84-89.

[65] 陈小萍.碎片化的养老保险体系与我国养老保险体系第一支柱发展研究
[J].商业时代,2013(19):94-95.

[66] 董志强.我们为何偏好公平:一个演化视角的解释[J].经济研究,2011
(8):65-77.

[67] 郑秉文.中国社会保险"碎片化制度"危害与"碎片化冲动"探源[J].社会
保障研究,2009(01):209-224.

[68] 盛和泰.养老保险"碎片化"的成因分析与应对策略[J].保险研究,2011
(05):32-35.

[69] 杨斌,丁建定."五维"框架下中国养老保险制度政府财政责任机制改革
的环境分析[J].社会保障研究,2015(1):22-27.

[70] 王晓东,雷晓康.城乡统筹养老保险制度顶层设计:目标、结构与实现路
径[J].西北大学学报,2015(5):151-152.

[71] 郑功成.中国社会保障改革与未来发展[J].中国人民大学学报,2010(5):
3-4.

[72] 郑功成.前所未有的改革实践——中国社会保障改革30年述评[J].中
国社会保障,2008(12):101-105.

[73] 郑功成.中国社会保障改革与发展战略——理念、目标与行动方案[M].
北京:人民出版社,2008.

[74] 肖严华.上海养老保险制度改革的路径分析与政策选择[J].上海经济研
究,2009(5):86-91.

[75] 杨翠迎,冯广刚,孙珏研.上海与北京两市城镇基本养老保险制度运行比
较——兼谈对事业单位养老保险改革的启示[J].社会保障研究,2010
(3):14-24.

[76] 王增文."边缘群体"利益转移问题研究——以"东莞模式""苏州模式"
"郊区模式"为视角[J].西南民族大学学报(人文社会科学版),2010
(11):131-136.

[77] 陈钗,徐立,蔡梦盈.关于温江农民社会养老保险政策实施情况的调查

[J].技术与市场,2008(5):51-54.

[78] 刘兴军.城市远郊地区完善农村养老保障制度的问题与思考——基于邛崃市的现实分析[J].农村经济,2009(12):75-78.

[79] 信长星.建立农村养老保险制度的有益探索——成都的实践与启示[J].中国社会保障,2007(9):10-12.

[80] 芦江,陆飞.浙江实施城乡一体化养老保障的研究——基于奉化"三保合一"模式的调查[J].经济特区,2011(5):43-46.

[81] 米红,杨翠迎.嘉兴城乡居民养老保险制度创新[J].中国社会保障,2008(1):14-15.

[82] 余丽生.浙江:新型农村养老保险改革破题[J].中国财政,2009(16):51-52.

[83] 李琼,汪慧.统一的城乡居民基本养老保险筹资机制构建研究[J].甘肃社会科学,2015(2):101-102.

[84] 彭颖,朱俊生.统一城乡居民基本养老保险:背景、创新与前景[J].老龄科学研究,2015(1):30-32.

[85] 江玉荣.养老基金制度改革前瞻与启示[J].学术界,2015(10):217-226+328.

[86] 穆怀中.中国社会保障水平研究[J].人口研究,1997(01):48-57.

[87] 刘贵平.我国城镇职工养老保险水平的初步研究[J].人口学刊,1995(04):13-16.

[88] 贾洪波,温源.基本养老金替代率优化分析[J].中国人口科学,2005(01):83-89+98.

[89] 米红,邱晓蕾.中国城镇社会养老保险替代率评估方法与实证研究——兼论不同收入群体替代率的比较[J].数量经济技术经济研究,2005(02):12-18+32.

[90] 孙博,雍岚.养老保险替代率警戒线测算模型及实证分析——以陕西省为例[J].人口与经济,2008(05):66-70+65.

[91] 赵俊康.我国养老金目标替代率的统计研究[J].山西财经大学学报,

2004(05):29－32.

[92] 陈南,田益宾,等.新时期统筹城乡社会养老保险的研究[J].新经济,2014
    (11):14－15.

[93] 牛桂敏.建立城乡统筹养老保险制度的分析与思考[J].天津大学学报:
    社会科学版,2010(1):36－39.

[94] 张熠,刘金东,卞世博.国民储蓄、政府债务与社会保障基金投资[J].世
    界经济,2013(01):64－80.

[95] 封进,何立新.中国养老保险制度改革的政策选择——老龄化、城市化、
    全球化的视角[J].社会保障研究,2012(03):29－41.

[96] 刘钧.中外养老保险运营效率的比较与启示[J].经济理论与经济管理,
    2011(03):56－63.

[97] 李春根,张彦.机关事业单位与城镇企业职工养老保险待遇差距探析
    [J].江西社会科学,2014(03):197－200.

[98] 郑伟.美国 TSP 计划及其对中国机关事业单位职业年金制度的借鉴启
    示[J].经济社会体制比较,2015(01):152－160.

[99] 黄晗.机关事业单位养老保险改革的转制成本研究[J].江西财经大学学
    报,2014(06):62－67.

[100] 程文浩,卢大鹏.中国财政供养的规模及影响变量——基于十年机构改
    革的经验[J].中国社会科学,2010(02):84－102＋222.

[101] 陈广桂.中国财政供养率问题的初步研究[J].当代经济科学,2003
    (04):11－15＋92.

[102] 李燕子.机关事业单位基本养老金与企业并轨问题研究[J].中国集体
    经济,2016(03):44－45.

[103] 刘军伟.二元经济理论视角下的城乡养老保险统筹发展路径研究[J].
    经济问题探索,2011(5):130－133.

[104] 李伟.统筹城乡居民基本养老保险制度研究——以河南省郑州市为例
    [J].社会保障研究,2011(6):28－29.

[105] 刘苓玲.中国社会保障制度城乡衔接理论与政策研究[M].北京:经济科

学出版社,2012.

[106] 王晓东. 国外养老保险城乡一体化发展的经验及启示[J]. 西北人口,
2014(01):92-96.

[107] 岳宗福. 城乡养老保险一体化的制度设计与路径选择[J]. 山东工商学
院学报,2009(03):63-68.

[108] 廖楚晖,侯芳,于凌云. 养老金待遇与家庭代际间教育投资意愿的实证
研究[J]. 统计与决策,2014(23):100-102.

[109] Fengqin Liu. Old-age insurance for rural—urban migrant workers in
China[J]. Journal of Asian Public Policy,2011,41.

[110] Puur A, Leppik L, Klesment M. Changes in pension take-up and
retirement in the context of increasing the pension age: the case of
Estonia in the 2000s[J]. Post-Communist Economies, 2015, 27(4):
497-516.

[111] Juan WANG, Bowen WANG. Relationship Between Government
and Enterprises in the Face of Risk Pension Insurance Fund Under
the Background of Aging[J]. International Business and Management,
2015:103.

[112] Liu T, Sun L. Pension Reform in China[J]. Journal of Aging &
Social Policy, 2016, 28(1):15-28.

[113] Wang D. China's Urban and Rural Old Age Security System:
Challenges and Options[J]. China & World Economy, 2006, 14(1):
102-116.

[114] Qingyue Meng, Hai Fang, Xiaoyun Liu, Beibei Yuan, Jin Xu.
Consolidating the social health insurance schemes in China: towards
an equitable and efficient health system [J]. The Lancet, 2015
(386):10002.

[115] Pozen R, Vinjamoori A. Self-Funding of Health-Care Plans by Small
Firms: Risks and Reforms [J]. Risk Management and Insurance

Review，2015，18(2):243-254.

[116] Charles W. Cobb, Paul H. Douglas. A Theory of Production[J]. American Economic Review，1928(18): 139-165.

[117] Carryer J,Hansen C O,Blakey J A. Experiences of nursing in older care facilities in New Zealand [J]. Australian Health Review,2010, 34(1): 11-17.

[118] 郭磊,苏涛永. 企业年金对养老金差距的双重影响研究[J]. 公共管理学报,2014(01):75-89+141.

[119] Xiaoyun Wang,Ruiyang Zhang,Lina Liu. A Study on the Effect and Strategy of Enterprise Annuity Preferential Tax Policy in China[J]. International Journal of Business and Management,2009(5):25-26.

[120] 郭磊,苏涛永. 人力资源、税收、所有制与企业年金参保——基于家庭金融微观数据的实证研究[J]. 公共管理学报,2015(01):94-106+157.

[121] 张会敏. 构建企业年金全面风险管控体系[J]. 现代经济信息,2014(22):114.

[122] 刘金全,邵欣炜,崔畅. "预防性储蓄"动机的实证检验[J]. 数量经济技术经济研究,2003(01):108-111.

[123] 赵春红. 中国企业年金税收优惠政策分析——基于企业年金市场的国际比较[J]. 现代商贸工业,2014(24):200-201.

[124] 邹利敏. 关于事业单位分类改革路径的思考[J]. 中国财政,2014(23):34-36.

索　引